Das geheimnisvolle
Universum der
Ozeane

Für meine Tochter Sarah Sophie,
die das Meer ebenso sehr liebt wie ich

1. Auflage 2012
© Arena Verlag GmbH, Würzburg 2012
Alle Rechte vorbehalten
Illustrationen: Hans Baltzer
Gestaltung: Punkt und Komma, Claudia Böhme
Gesamtherstellung: Westermann Druck Zwickau GmbH
ISBN 978-3-401-06147-4

www.arena-verlag.de
Mitreden unter forum.arena-verlag.de

Ruth Omphalius

Das geheimnisvolle Universum der Ozeane

Arena

Inhalt

Kapitel 1
Der Wasserplanet   9

Kapitel 2
Klimamotor Ozean   37

Kapitel 3
Leben aus dem Meer   69

Kapitel 4
Die gefährlichsten Jäger aller Zeiten   93

Kapitel 5
An Land, ins Meer und wieder zurück   131

Kapitel 6
Menschen auf dem Meer   151

Glossar   214

Vorwort

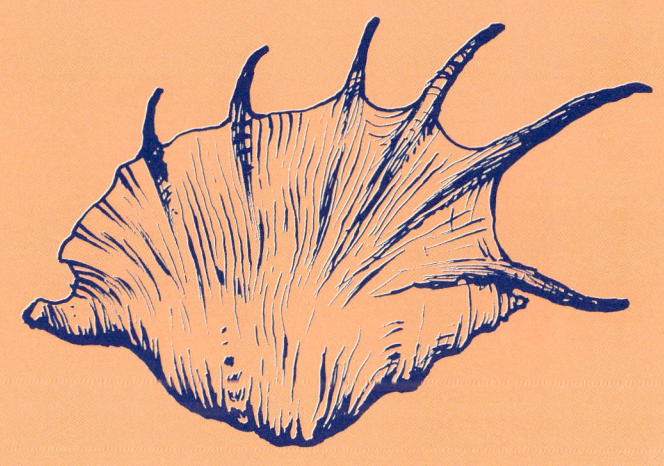

Vorwort

2009 haben das ZDF und ich zusammen den Dreiteiler „Universum der Ozeane" gedreht, basierend auf meinem Buch „Nachrichten aus einem unbekannten Universum". Ich stand damals als Moderator vor der Kamera – für einen Schriftsteller eine neue und ziemlich spannende Erfahrung. Bei der Gelegenheit lernte ich Ruth Omphalius kennen. Sie betreute das Projekt redaktionell mit viel Herzblut und Engagement, vor allem aber gefiel mir, dass wir beide eine große Leidenschaft teilten: das Tauchen.

Ruth weiß also aus eigener Erfahrung, was mich an den Ozeanen so sehr fasziniert. Wir beide lieben es, in diese fremde und doch vertraute Welt einzutauchen und mit ihr zu verschmelzen. Man wird leicht dort unten, beinahe schwerelos. Eine wunderbare Erfahrung. Die oberen Schichten sind von Licht durchflutet und voller Leben, doch mehr noch ist es der unbekannte und geheimnisvolle Raum darunter, der meine Fantasie beflügelt. Auch dort, in ewiger Finsternis, wimmelt es von schönen und Furcht einflößenden Kreaturen. Manche leuchten wie bizarre Wesen von einem fremden Planeten, andere zeigen sich erst im Licht starker Scheinwerfer. Die meisten aber haben wir noch nie zu Gesicht bekommen. Kaum zu glauben, aber der Mond ist besser erforscht als die Tiefsee!

Schon darum kann ich jedem nur empfehlen, irgendwann eine Tauchermaske aufzusetzen und das fantastische Universum der Ozeane selbst zu erforschen. Es ist super, mit nichts zu vergleichen! Für den Anfang reicht es aber schon, ein Buch aufzuschlagen, um sich auf das Abenteuer Ozeane einzulassen, Jules Vernes *20.000 Meilen unter dem Meer*, Herman Melvilles *Moby Dick*, Ernest Hemingways *Der alte Mann und das Meer*. Das sind die weltberühmten Klassiker, die ich als Kind verschlungen habe wie der Hai die Makrele.

In meinen eigenen Büchern führt das Abenteuer unter anderem in die Welt der Einzeller, die unseren Planeten seit fast vier Millionen Jahren mit großem Erfolg beherrschen – eine Reise zurück zu den Anfängen und vielleicht auch in die Zukunft. Ein ganz ähnliches Ziel hat sich Ruth Omphalius mit diesem erzählenden Sachbuch gesteckt. Doch sie nimmt jüngere Leser als ich mit auf die Reise. Und weil sie eine wirklich tolle Reiseleiterin ist, möchte ich nun niemanden mehr vom Lesen abhalten. Also: Kopf unter Wasser – und viel Spaß!

Frank Schätzing

Der Wasserplanet

Die blaue Murmel im All

Langsam zieht das Raumschiff an einem Asteroidengürtel vorbei.
Schon seit Lichtjahren ist die Mannschaft in den Weiten des Universums unterwegs, ohne nennenswerte Untersuchungsergebnisse auf-
weisen zu können. Zahllose Sonnensysteme haben die Forscher des
Planeten Tronstad auf ihrer Mission schon vergeblich durchquert.
Doch plötzlich reißt ein Funkspruch des Ersten Offiziers den Captain des Schiffs aus seinen Gedanken:

„Captain, wir haben da einen interessanten Planeten entdeckt!"

„Auf den Schirm damit! Analyse!"

„Wir sind jetzt 6,4 Milliarden Kilometer von dem Objekt entfernt. Der Planet hat einen Durchmesser von über 12.700 Kilometern, sein Alter beträgt etwa 4,6 Milliarden Jahre. Er gehört zu
einem Sonnensystem ..."

„Warten Sie mal, der ist ja blau. Selbst auf diese Entfernung ist
er blau. Bedeutet das ...?"

„Ja, Sir. Die Oberfläche dieses Planeten ist zu 71 Prozent mit
Wasser bedeckt."

„Unglaublich, einzigartig! Das müssen wir näher untersuchen!"

Endlich ein Lichtblick. Schon häufiger war die Crew zwar auf einigen Planeten und Monden auf kleinere Wassermengen gestoßen.
Fast überall lag das Wasser jedoch nur als Eis vor, war unter Gesteinsmassen verborgen und schwer erreichbar. Hier endlich gibt es

große Wasservorkommen – und das Außergewöhnliche daran ist,
dass nur ein Teil des Wassers an den Polkappen zu Eis gefroren ist.
Der größere Teil liegt in flüssiger Form vor, wenn auch durch Salze
verunreinigt. Dieser Planet ist eine Sensation.

„Bevor wir ihn besiedeln, braucht der Planet einen Namen. Wie
soll er heißen? Am besten nach seinem offensichtlichsten Merkmal:
Wasser!"

Bei einem Erkundungstrip durchs All würden intelligente
Raumfahrer unseren Heimatplaneten Erde wohl kaum nach
seinen festen Bestandteilen benennen. Wahrscheinlich fiele
ihnen spontan tatsächlich eher der Begriff **Wasser** in ihrer
außerirdischen Sprache ein oder irgendein chemisches Zeichen, ähnlich unserem H_2O. Denn keine andere Substanz
prägt das äußere Erscheinungsbild des Erdballs und alles
Leben auf ihm so sehr wie das Wasser. 1,386 Milliarden Ku-
bikkilometer von dem im Universum eher seltenen Stoff gibt
es heute auf der Erde.

Wissen

In Litern ist das die unvorstellbare Zahl von
1.385.984.600.000.000.000.000
(= 1.386 Trillionen Liter).

Das zumindest haben Wissenschaftler errechnet. Eine unglaubliche Menge! Diese Wassermassen bedecken rund drei

Viertel der Erdoberfläche. Aus dem Weltraum erscheint die Erde deshalb schon aus großer Entfernung als blauer Planet.

Die größte Distanz, aus der jemals ein Foto der Erde gemacht wurde, beträgt tatsächlich rund 6,4 Milliarden Kilometer. Diese Meisterleistung gelang 1990 der Sonde Voyager 1. Das Bild wurde später unter dem Titel *Pale Blue Dot (Der blasse blaue Punkt)* berühmt, da die Erde aus dieser Entfernung als winziges bläuliches Pünktchen gerade mal zu erahnen ist.

Ganz gleich, ob Aliens schon einen Blick auf die Erde werfen konnten, die ersten Menschen, die unseren Heimatplaneten von außen sahen, waren Astronauten und Kosmonauten – Weltraumpioniere aus Amerika und der ehemaligen Sowjetunion. Und das erste Farbfoto, das die Erde als **Wasserplaneten** zeigt, schoss der amerikanische Apollo-8-Astronaut Frank Bormann. 1968 hatte Apollo 8 als erstes irdisches Raumfahrzeug das Schwerefeld des Planeten verlassen und war in eine Mondumlaufbahn eingetreten. Während der dritten Umkreisung des Mondes beobachtete Bormann den Aufgang der Erde über dem Horizont des Mondes – ein Ereignis, das noch nie zuvor ein Mensch gesehen hatte. Spätestens seit der ersten Mondlandung am 21. Juli 1969, prägte sich das Bild der kleinen blauen Kugel – **The Blue Marble** – im endlosen schwarzen Weltall in den Köpfen ein und veränderte die bis dahin gewohnte Vorstellung einer unendlichen Erde für immer. Erstmals begannen Menschen zu ahnen, dass ihr Heimatplanet etwas sehr Seltenes und sehr Wertvolles ist.

Auch die Bedeutung der Ozeane wurde durch den bis dahin unbekannten Blickwinkel aus dem All neu bewertet. Wissenschaftler in aller Welt begannen, die Weltmeere in ihrer globalen, also weltweiten Wirkung zu untersuchen. Die wichtigste Erkenntnis dieser Tage war jedoch, dass die Erde und ihre Ressourcen begrenzt sind. Lebensraum, Rohstoffe und vor allem auch Wasser gibt es zwar in großer, aber eben doch endlicher Menge. Die Gefahr, dass die wachsende Menschheit und der steigende Energiebedarf des Einzelnen diese Ressourcen verschlingen könnten, wurde schon damals von vielen erkannt. Wie diesem globalen Problem beizukommen wäre, darüber gehen die Ansichten allerdings bis heute auseinander. Einige Wissenschaftler nehmen an, dass der Mensch allein die Verantwortung für den Planeten trägt und seine Zukunft selbst gestalten kann, andere glauben dagegen, dass die Menschheit so gut wie keine Einflussmöglichkeiten hat.

Um einschätzen zu können, wie der Mensch auf die Weltmeere einwirkt, muss man zuerst verstehen, wie das „System" Ozean funktioniert. Dabei drängt sich die Frage auf: Wie kam das Wasser überhaupt auf die Erde?

Woher kommt das Wasser?

Ein riesiger Komet rast auf die Erde zu. Mit einer Geschwindigkeit von 75.000 Kilometern pro Stunde – über 60-mal schneller als der Schall – stürzt er in die äußersten Hüllen der Erdatmosphäre. Die Reibung bringt den Giganten auf höllische Temperaturen. Teile seiner Oberfläche brechen ab und verglühen. Noch 140 Kilometer liegen zwischen dem Himmelskörper und der Erdoberfläche. Äußere Teile beginnen, zu schmelzen und zu verdampfen. Schlagartig erreicht die Luft um den Eindringling Temperaturen von 30.000 Grad. So heiß ist es nicht einmal auf der Oberfläche der Sonne. Atome und Moleküle werden zerlegt, beginnen zu leuchten und der Komet erstrahlt in gleißendem Licht.

Vermutlich würde man auf der Erde sogar hören können, wie der Komet an den Luftmassen entlangschrammt, aber das Quietschen und Schaben erreicht die Einschlagstelle erst einige Minuten nach dem Kometen selbst. Bis dahin hat das Tod bringende Geschoss aus dem All längst sein Ziel erreicht. In einer **weiß glühenden Explosion** *trifft es auf die Erde. Aber nicht die Zerstörungskraft des Einschlags hat die größte Wirkung auf den getroffenen Planeten, sondern die fünf Millionen Tonnen Material, die der Riese mitbringt. Denn neben Geröll und Staub transportiert der Komet vor allem eines: gefrorenes Wasser.*

Es ist schwer, sich heute eine Welt ohne Wasser vorzustellen. Steht man an einem Strand und blickt aufs Meer hinaus, erscheinen die Wassermassen so gigantisch, dass niemand auf die Idee käme, sie könnten eines Tages verschwunden sein. Tatsächlich war die Erde über einen langen Zeitraum ein wasserloser Planet. Es ist der Forschung bis heute nicht gelungen, mit letzter Sicherheit zu sagen, woher all das Wasser ursprünglich kam.

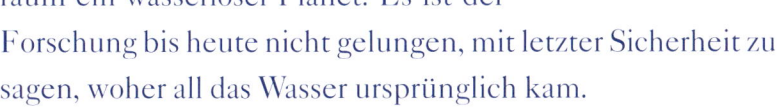

Zur Zeit ihrer Geburt, vor 4,6 Milliarden Jahren, war die Erde ein glühendes Inferno – kein geeigneter Ort für Wasser. Trotzdem soll das kühle Nass schon da gewesen sein, wenn auch im Inneren der Erde versteckt. Im Laufe der Jahrmillionen sollen Vulkane den Wasserdampf, der in den Gesteinsmassen gebunden war, an die Oberfläche geholt haben. Als sich der Planet immer mehr abkühlte, begann der Wasserdampf, Wolken zu bilden.

Und schließlich begann es zu regnen. Der Niederschlag der Vergangenheit lässt sich aber nicht mit einem leichten Nieselregen der Gegenwart vergleichen. Selbst die Wassermassen, die der Monsun heute über Asien ausschüttet, hätten nicht mehr Bedeutung als eine Träne im Ozean. Es regnete nicht Tage, Wochen oder Monate, sondern schüttete rund 100 Millionen Jahre lang ohne Unterbrechung – weltweites Sauwetter! Die Fluten konnten nur zu einem winzigen Teil versickern und so sammelte sich das Wasser in Flüssen. Selbst riesige Gebiete der Erde, die tiefer lagen, füllten sich nach und nach und die ersten Meere entstanden. So zumindest stellen sich einige Wissenschaftler die Entstehung der Gewässer vor.

Andere Forscher sind dagegen der Meinung, dass das Wasser der Erde längst nicht ausreichte, um die Weltmeere zu erschaffen. Nur etwa die Hälfte der Flüssigkeit, die heute die Ozeane füllt, soll aus dem Planeten selbst stammen. Der Rest kam ihrer Ansicht nach mit dem Kometentaxi aus dem All.

Wissen

Gefrorenes Wasser im All

Bestätigt fühlen sich die Vertreter dieser Theorie durch ein außergewöhnliches Experiment, das die NASA 2005 durchführte. Am 04. Juli dieses Jahres befand sich der Komet Tempel 1 in erdnahem Kurs und konnte aus unmittelbarer Nähe untersucht und fotografiert werden. Der Himmelskörper hatte einen Durchmesser von circa sechs Kilometern und bestand - wie alle Kometen - aus Gestein und Eis. Um herauszufinden, wie viel gefrorenes Wasser der Gigant durchs All transportierte, brachten die NASA-Wissenschaftler einen Satelliten auf Kollisionskurs. Als der Satellit in die Kometenoberfläche einschlug, spritzten mehr als 250 Millionen Liter Wasser ins All, obgleich der kleine Satellit die Oberfläche nur angekratzt hatte.

In ihrer Frühzeit wurde die Erde von Tausenden solcher Kometen getroffen. So könnte ebenfalls eine Menge Wasser auf die Erde gekommen sein. Für dieses spektakuläre Szenario gibt es zwar gute Argumente, aber letztlich keine Beweise.

Woher auch immer das Wasser der Erde gekommen sein mag, sicher sind die Wissenschaftler immerhin, dass bis zum heutigen Tag kaum ein Tropfen wieder verloren ging. Und das, obwohl sich die Ozeane selbst ständig verändern. Man kann sich kaum vorstellen, dass ganze Ozeane erst einmal entstehen müssen und dann sogar wieder völlig verschwinden können. Trotzdem ist genau das in der Erdgeschichte immer wieder passiert. Erst in den letzten 50 Jahren haben die Wissenschaftler begonnen zu verstehen, welchem dramatischen Wandel die Ozeane über die Jahrmillionen unterliegen. Die ersten Hinweise wurden zwar vor langer Zeit gefunden, aber es dauerte eine Weile, bis man sie überhaupt als solche erkannte. Und so ist die Geschichte der Erforschung vom Werden und Vergehen der Weltmeere fast ebenso spannend wie das Phänomen selbst.

Von Elefanten und Zyklopen

Was dachte sich im 15. Jahrhundert wohl der Mensch, der in einer Höhle bei Spinagallo auf Sizilien einen Schädelknochen mit nur einer gewaltigen Augenhöhle in der Mitte fand? Leider sind weder der Finder bekannt noch seine Gedanken. Vielleicht waren spielende Kinder über die seltsamen Knochen gestolpert oder ein Liebespaar hatte sie entdeckt. Oder ein Hirte, der sich vor einem Regenguss in die Höhle rettete, legte sie frei. Die Geschichte der Entdeckung ist nicht dokumentiert, aber die Knochen regten zu allen Zeiten die Fantasie der Gelehrten und Wissenschaftler an.

Im späten Mittelalter glaubte man, vor allem wegen des seltsamen Schädels, die **Überreste eines Zyklopen** erkennen zu können. Über diesen einäugigen, menschenfressenden Riesen hatte zuerst der bedeutende griechische Dichter Homer geschrieben. Die moderne Wissenschaft identifizierte die Knochen dagegen als **Überbleibsel von Elefanten.** Das Loch in der Mitte ist

Der Schädel eines Minielefanten im Senckenbergmuseum in Frankfurt nicht etwa für ein Auge gedacht, sondern als Durchlass für die Muskel- und Nervenverbindungen des Rüssels.

Die moderne, wissenschaftliche Deutung der Knochen scheint auf den ersten Blick weit weniger spektakulär als die Zyklopen-Story, aber schon ihre Größe sorgte für Aufsehen. Die sizilianischen Elefanten waren nämlich winzig und erreichten gerade mal die Größe einer stattlichen Ziege. Darüber hinaus gelten die Minis aus Sizilien als Beleg für eine Theorie, die fast genauso unglaublich klingt wie die Zyklopensage. Zunächst gaben die Knochen den Forschern nur Rätsel auf: Wie waren die Elefanten überhaupt auf eine Mittelmeerinsel gekommen? Und wieso waren sie mit ihren gerade mal 80 cm Stockmaß so winzig?

Das Szenario, das all diese Fragen beantworten konnte, klang sinnvoll und zugleich verstörend: Das Mittelmeer war einmal leer!

Eine Elefantenherde zieht durch eine weite Salzwüste. Die Sonne brennt erbarmungslos vom Himmel und die Tiere bewegen sich immer langsamer. Weiß die alte Matriarchin wirklich, wo Futter und – noch viel wichtiger – Wasser zu finden sind? Die Alte hebt immer wieder den Rüssel und lässt ein dunkles Tröten hören. Es kostet sie viel Kraft, aber es ist nötig, um die anderen zum Weitergehen zu bringen. Die Gruppe darf nicht aufgeben. Keines der Tiere darf schlappmachen, bevor sie das Ziel ihrer Reise erreicht haben. Bleibt eines von ihnen stehen, ist die gesamte Gruppe in Gefahr aufzugeben.

Es sieht nicht gut aus.

Eine Elefantenkuh, die noch älter ist als die Matriarchin, knickt immer wieder mit den Hinterbeinen ein. Sie und die Kälber brauchen am dringendsten Wasser.

Dann endlich! Der wohltuende Geruch wird immer stärker! Lange bevor die Matriarchin die Erhebung sehen kann, riecht sie das Wasser und die frischen Pflanzen. Auch die anderen nehmen die Witterung auf. Nun muss die Leitelefantin eher bremsen, damit sich keines der Tiere auf der letzten Etappe übernimmt. Wie eine Insel ragt die felsige Landschaft aus dem Meer aus Salz. Schon bald werden sie für ihr Durchhaltevermögen belohnt. Auf dem Felsmassiv können sie sich von den Strapazen ihrer langen Reise erholen und auf ihre nächste Wanderung vorbereiten.

Das Felsmassiv ist heute eine Insel und heißt Sizilien.

Vor sechs bis fünf Millionen Jahren war unser liebstes Urlaubsmeer nichts weiter als eine riesige Salzwüste. Die Ebene muss außerordentlich lebensfeindlich gewesen sein, trotzdem gab es offenbar ein Futterangebot, das einige Tiere aus Nordafrika weiter in den Norden lockte. Vor allem einige bewaldete Gebirge, die heute als Inseln aus dem Mittelmeer ragen, könnten interessant für die Tiere gewesen sein.

Wissenschaftler vermuten, dass der Meeresspiegel schließlich wieder stieg und die Elefanten auf den Inseln gefangen waren. Für die großen Dickhäuter reichten Nahrung und Platz sogar auf den größeren Eilanden bald nicht mehr aus und so begann ein Prozess, den Evolutionsforscher heute Verzwergung nennen. Die Inselelefanten schrumpften, bis sie in ihren Rückzugsgebieten gut leben konnten.

Wissen

Die Mittelmeerelefanten

Mittlerweile hat man auf mehreren Mittelmeerinseln Elefantenüberreste entdeckt, zum Beispiel auf Zypern, Malta, Kreta, Sizilien, Sardinien, Rhodos, Tilos und einigen Kykladeninseln. Warum die Kleinen schließlich ausgestorben sind, ist noch nicht bekannt. Auch ob der Mensch an ihrem Ableben beteiligt war, konnte bislang nicht geklärt werden.

Mit dem Schicksal der Mittelmeerelefanten sind allerdings zwei viel grundlegendere Fragen verknüpft: Warum trocknete das Mittelmeer überhaupt aus? Und: Wie konnte das Wasser so schnell zurückkommen, dass es die Dickhäuter auf ihren Inseln einschloss? Bei einem langsamen Anstieg des Meeresspiegels hätte man erwarten können, dass die Elefanten die Inseln verlassen, als die Nahrung dort knapp wurde. Um Antworten auf diese Fragen zu finden, sollte man sich weiter in Sizilien umsehen, genauer gesagt unter Sizilien. Hier wird seit rund 50 Jahren in großem Stil Salz abgebaut und noch immer ist kein Ende abzusehen. Dieses gigantische Salzdepot kann nur auf eine einzige Weise entstanden sein, wie ein einfacher **Versuch** zeigt:

Erhitzt man eine Salzwasserlösung so lange, bis alles Wasser verdampft ist, bleibt im Topf schließlich nur noch das Kochsalz zurück.

So einfach ist auch die Erklärung für das Verschwinden des Mittelmeeres. Das Becken des Meeres ist das Gefäß, das Meerwasser entspricht der Salzlösung im Versuch und die Sonne der Wärmequelle. Das Wasser des Mittelmeeres verdunstete im Laufe der Zeit und das im Wasser gelöste Salz blieb zurück. Allerdings sind die Dimensionen gewaltig.

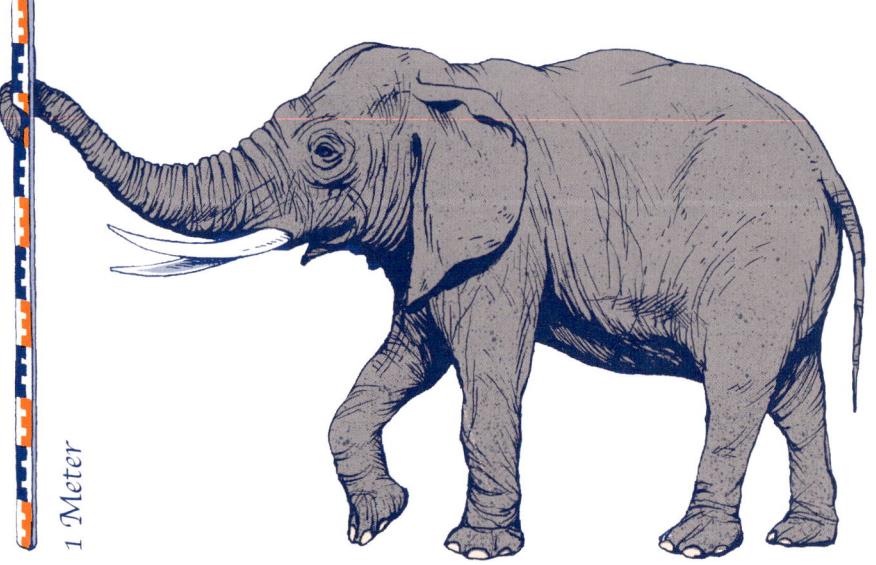

1 Meter

Erst ab dem Ende des 19. Jahrhunderts konnten sich einzelne Forscher vorstellen, dass es sich bei den gigantischen Salzablagerungen um die Reste eines früheren Mittelmeeres handelte. Und erst Mitte des 20. Jahrhunderts wurden bei Tiefseebohrungen Salzablagerungen unter dem Meeresboden gefunden, die aus der Außenseiterthese eine allgemein anerkannte Theorie machten.

Damit kann man erklären, wie die nordafrikanischen Elefanten vor sechs Millionen Jahren trockenen Fußes durch das Mittelmeer wandern konnten. Klar ist allerdings nicht, wieso das Meer vorher überhaupt vorhanden war, und schon gar nicht, warum es sich nachher wieder füllte.

Zieht man den Versuch mit der Salzlösung heran, gibt es nur zwei Möglichkeiten, der Verdunstung der Flüssigkeit entgegenzuwirken. Entweder man stellt die Wärmequelle ab oder man bringt einen Zulauf an und leitet ständig neues Wasser ein, um den Flüssigkeitsverlust auszugleichen. Für das Mittelmeer bedeutet dies: Es muss einen neuen Zulauf erhalten haben, denn die Sonne scheint ja nach wie vor.

Tatsächlich gibt es einen solchen Zulauf, nämlich aus dem Atlantik durch die Straße von Gibraltar. Gigantische Wassermassen durchströmen dieses enge Nadelöhr. Sie verhindern die Austrocknung und erhalten heute Millionen von Touristen den Badespaß.

Offenbar wurde dieser Hahn in der Vergangenheit zuge-
dreht, sodass bis vor sechs Millionen Jahren alles Wasser ver-
dunsten konnte. Um eine so gigantische Wasserleitung zu
blockieren, ist natürlich mindestens ein Kontinent als Stöp-
sel im Spiel. Und wirklich stießen damals die Kontinental-
platten, auf denen Europa und Afrika ruhen, zusammen und
verschlossen die Straße von Gibraltar, die Lebensader des
Mittelmeeres. In seiner langen Geschichte fiel das Meer diesem Prozess sogar mehrfach zum Opfer und damit steht es
nicht allein. Letztlich verdanken alle Meere ihre Existenz
und Form der Wanderung der Kontinente.

Ganz gleich, wie riesig der Gesteinskorken war, den Afrika auf den Flaschenhals Gibraltar stöpselte, nie verschloss er
die Meerenge auf Dauer. Zwar vergingen einige Hunderttau-
send Jahre, aber am Ende bahnte sich das Wasser des Atlantiks immer wieder seinen Weg ins Mittelmeer. Für die Zeit
der Inselelefanten vor 5,33 Millionen Jahren weiß man sogar, dass das Wasser nicht langsam einsickerte, sondern als
gewaltige Flutkatastrophe über die knochentrockene Mit-
telmeerebene hereinbrach.

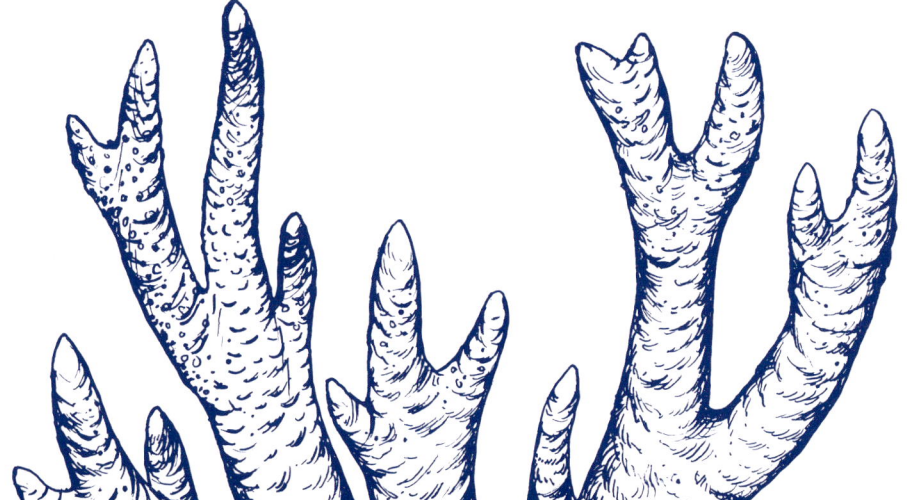

Rasante Flut

Forscher haben errechnet, dass sich 90 Prozent der Wassermassen, die heute das Mittelmeer füllen, in einem kurzen Zeitraum von nur wenigen Monaten bis höchstens zwei Jahren in das leere Mittelmeerbecken ergossen haben. Dabei muss der Meeresspiegel bis zu zehn Meter am Tag gestiegen sein - die Elefanten wichen auf höher gelegenes Gelände zurück, ohne zu ahnen, dass sie nie wieder über die Salzebenen wandern würden.

Zwergelefanten und Riesensalzminen sind spektakuläre Beweise für das Erscheinen und Verschwinden des Mittelmeeres. Wann es wieder einmal austrocknen wird, kann heute niemand so genau sagen. Schon jetzt befinden sich Wasserzufluss und Verdunstung im Ungleichgewicht. Menschen tragen durch die Verschmutzung der Flüsse und des Meeres selbst zur Versalzung bei. Auch die Klimaerwärmung könnte den Prozess beschleunigen und das Schicksal des Mittelmeeres früher als nötig besiegeln.

Die gute Nachricht an der Sache ist: Es wird noch einige Zeit dauern, bis sich statt des Meeres eine Salzwüste zwischen Europa und Afrika ausdehnt. Forscher gehen davon aus, dass erst in fünf Millionen Jahren das Mittelmeer wieder einmal trocken liegt.

Die Geburt eines Ozeans

Mit lautem Getöse landet ein Hubschrauber in einer staubigen Ebene. Es herrschen 50 Grad Celsius und der Boden scheint wie festgebacken zu sein von der anhaltenden Trockenheit. Vorsichtig schälen sich zwei Gestalten aus dem Cockpit und kämpfen sich mit eingezogenem Kopf unter den laufenden Rotorblättern durch den Sand, den der Helikopter aufwirbelt. Die feinen Körnchen bohren sich schmerzhaft in ihre Haut und zwingen sie zum Husten. Weit und breit ist keine Menschenseele zu sehen. Selbst Nomaden verschlägt es nur selten in dieses Niemandsland. Hier gibt es nichts Interessantes für sie, weder Pflanzen noch Wasser für ihre Viehherden – nur Sand und nackten Fels.

Schwitzend laden die beiden Männer Metallkisten aus dem Hubschrauber und schleppen sie zu einer vorher ausgewählten Position in der Ebene. Die Sonne brennt erbarmungslos und in der Ferne scheint sich die Landschaft in einem einzigen Hitzeflimmern aufzulösen. Die Männer sind froh, dass sie nur kurz an diesem unwirtlichen Ort bleiben müssen. Sie gehören zu einer internationalen Gruppe von Wissenschaftlern, die in dieser Einöde im Nordosten Afrikas die größte geologische Baustelle der Erde untersuchen will: das Afar-Dreieck.

Ihre Aufgabe besteht darin, Messgeräte in der Ebene aufzustellen, mit denen sie herausfinden können, was hier dicht unter der Oberfläche geschieht. Schon lange wissen die Forscher, dass im Afrikanischen

Grabenbruch der Kontinent auseinanderreißt, aber nun sollen möglichst viele Daten klären, wie genau das passiert.

Gerade als die beiden eine Messsonde aufstellen und von einem kühlen Bier träumen, geschieht das Unerwartete: Der Boden zittert, ein unheimliches Grollen rollt über die Senke. Die Männer erstarren, denn das Beben kommt völlig überraschend. Sie halten den Atem an. Das unheimliche Dröhnen nähert sich, gefolgt von einem ohrenbetäubenden Krachen und einem weiteren Erdstoß. Die Forscher erwachen aus ihrer Starre und rennen um ihr Leben. Erst im Hubschrauber sehen sie aus der Luft, was sie da in Angst und Schrecken versetzt hat. Atemlos beobachten sie das dramatische Geschehen. Die Erde bricht auf, Risse fressen sich durch die eben noch friedliche Ebene. Einzelne Vögel steigen kreischend auf und versuchen, sich in Sicherheit zu bringen. Die gesamte Afar-Ebene wird von einem gewaltigen Riss durchzogen. Erst nach und nach erkennen die Wissenschaftler, was sie gerade miterleben: die Geburt eines neuen Ozeans.

Es ist schon schwer, sich vorzustellen, dass ein riesiges Meer wie das Mittelmeer austrocknet. Fast noch mehr Fantasie erfordert es, um zu begreifen, wie ein neues Meer entsteht.

Die Afar-Senke im Nordosten Äthiopiens ist der einzige Ort auf der ganzen Welt, an dem man die Geburt eines neuen Meeres beobachten kann. Wo sich heute noch eine Wüste ausbreitet, werden in Zukunft salzige Wassermassen einer großen Vielfalt von Meeresbewohnern neue Lebensräume bieten. Die Vorzeichen dieser Veränderung können Wissenschaftler exakt vermessen. Sogar erste Abenteuertouristen besichtigen schon den künftigen Ozean, aber auf seinen Wellen wird kein heute lebender Mensch surfen können, denn so eine Ozeangeburt dauert eine Weile. Forscher rechnen im Falle von Äthiopiens neuem Meer mit ungefähr einer Million Jahre.

Und bis dahin muss noch einiges geschehen: Bevor ein neues Meer entstehen kann, müssen zunächst einmal die Landmassen Platz machen. Warum das gerade in der Afar-Senke geschieht, versteht man erst, wenn man ein bisschen unter die Erdoberfläche schaut. Die Ebene von Afar liegt an einem geologisch sehr interessanten Punkt. Hier treffen sich Ausläufer dreier Platten, die sich jedoch nicht aufeinander zubewegen – ganz im Gegenteil: Diese Platten entfernen sich voneinander.

Nach Nordwesten zieht das Rote Meer, im Osten zupft der sogenannte Carlsberg-Rücken und im Süden zerrt der gewaltige Ostafrikanische Grabenbruch. Sie alle reißen an der Afar-Ebene.

Wissen

Der Motor des Ganzen sind geschmolzene Gesteinsmassen aus dem Erdinneren, die im Aufsteigen erkalten, sich aufstauen und weitergeschoben werden. Wie eine Art Förderband werden die Teile Afrikas voneinander wegbewegt. Normalerweise wird Meeresboden auf diese Weise unter Wasser gebildet. Im

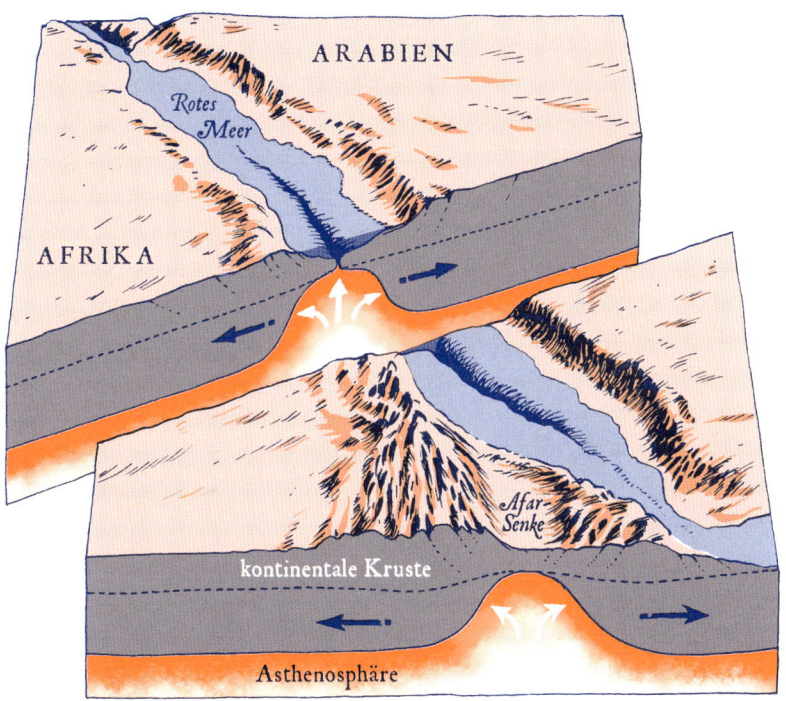

Ein neues Meer entsteht. Die Afar-Senke in Ostafrika.

Afar-Dreieck wirkt das Förderband auch an Land. Deshalb wird das, was heute noch wie Wüstenboden aussieht, in absehbarer Zeit Meeresgrund sein. Denn am Ende des Prozesses wird die Ebene so weit auseinandergezogen sein, dass die letzten Felsbarrieren zum Roten Meer unter dem Druck der Wassermassen zusammenbrechen. Dann wird das Rote Meer den neuen Ozean befüllen.

Bevor sich die Afar-Senke allerdings endgültig in Meeresboden verwandelt, stehen ihr erst einmal feurige Zeiten bevor. Da von drei Seiten an der Erdkruste unter dem Afar-Dreieck gezerrt wird, wird sie dort immer dünner. Wie ein Luftballon, dessen Hülle beim Aufpusten immer weiter gespannt wird, ergeht es der Erdkruste, die unter der Afar-Senke statt der normalen Dicke von 30 bis 40 Kilometern nur noch etwa 15 Kilometer vorweisen kann.

Das ist eindeutig zu dünn, um die Kräfte aus dem Erdinneren davon abzuhalten, an die Oberfläche zu treten. Tatsächlich wird die Ebene regelmäßig von Erdbeben geschüttelt. Heißer Dampf steigt auf, Vulkane brechen aus und als besondere Zugabe hat die Region ihren eigenen dauerhaften Lavasee: Erta Ale. Hier tritt immer neue flüssige Lava an die Oberfläche, erkaltet, wird von dem nachfolgenden Strom zum Rand des Sees gedrückt, zerbricht in Schollen und sinkt

Erta Ale: einer von sieben Lavaseen auf der Welt

schließlich wieder nach unten, um erneut erhitzt und geschmolzen zu werden. In Erta Ale können Wissenschaftler heute in kleinem Maßstab erforschen, welche Kräfte im Inneren der Erde wirken.

Diese Möglichkeit hatte man im vergangenen Jahrhundert noch nicht, als ein Mann eine These vorstellte, ohne die man heute das Entstehen und Vergehen von Ozeanen ebenso wenig erklären könnte wie die Entstehung von Gebirgen oder andere gravierende Veränderungen der Erdoberfläche.

Die Kontinentaldrift
Ein Wetterfrosch auf Konfrontationskurs

Schon als sich der Mann im dunklen Anzug auf den Weg zum Rednerpult macht, geht ein Raunen durch den Saal des altehrwürdigen Senckenbergmuseums in Frankfurt. Allein die Ankündigung seines Vortrags erregt die Gemüter. Was hat dieser besserwisserische Wetterfrosch eigentlich bei einer Versammlung der Geologischen Vereinigung zu suchen? Als Meteorologe soll der gefälligst die Atmosphäre erforschen und die Erde den Geologen überlassen.

Der Mensch glaubt doch allen Ernstes, die Kontinente bewegten sich und trieben wie Schiffe oder Flöße gemächlich auf dem Angesicht der Erde herum. Was für ein Unsinn! Wo doch jeder weiß, dass die Erdteile stabil und fest an ihrem angestammten Platz ruhen.

Und dann hat der Kerl auch noch die Frechheit, seine Hirnge-

spinste gleich bei der Begrüßung zu formulieren, als handle es sich tatsächlich um das Ergebnis von Forschung. Was lässt er da hören?

„Magnifizenz, Spectabiles, hochverehrte Professores. Im Folgenden soll ein erster Versuch gemacht werden, die Großformen der Erdrinde, das heißt die Kontinentaltafeln und die ozeanischen Becken, durch ein einziges umfassendes Prinzip genetisch zu deuten, nämlich das der horizontalen Beweglichkeit der Kontinentalschollen."

Abfälliges Gemurmel überall. Natürlich! Pfiffe sind zu hören. Der Präsident der Geologischen Vereinigung weiß keinen anderen

Ausweg und entzieht dem Wetterfrosch das Wort. So setzt er der unerfreulichen Situation ein Ende.

Etwa so hat sich die Szene am 06. Januar 1912 im Frankfurter Senckenbergmuseum abgespielt. Warum die vornehmen Mitglieder der Geologischen Vereinigung fast ihre gute Erziehung vergessen hätten, ist leicht zu verstehen, wenn man sich in die Zeit hineinversetzt. Der Redner, **Alfred Lothar Wegener,** hatte etwas Unerhörtes behauptet: Er war der Ansicht, dass sich die Kontinente auf der Erde bewegen und nicht fest und sicher an ein und demselben Ort blieben.

Heute ist längst bewiesen, dass Wegener mit dieser These recht hatte. Satelliten können sogar die Richtung und Geschwindigkeit messen, mit der die Kontinente driften, das heißt: wandern. Im Schnitt kommen die Erdteile mit zwei bis drei Zentimetern im Jahr voran, also etwa so schnell wie Fingernägel wachsen. 1912 war seine Idee jedoch ein Skandal und zog den Menschen gewissermaßen den Boden unter den Füßen weg.

Schon zwei Jahre vor der Rede im Senckenbergmuseum war Wegener aufgefallen, dass die Umrisse der Kontinente Südamerika und Afrika ideal ineinanderpassten. Gefesselt von diesem rätselhaften Befund, versuchte er, mehr über die beiden Erdteile herauszufinden. Wissenschaftliche Abhandlungen über die Tier- und Pflanzenwelt schienen seine These zu bestätigen: Tatsächlich kamen viele Arten auf mehr als einem Kontinent vor. Als Erklärung dafür war ein gemeinsamer Ursprung auf jeden Fall wahrscheinlicher als viele unabhängige Parallelentwicklungen. Auch der Aufbau der Gesteine und Fossilfunde schienen Wegeners These zu stützen. Im arktischen Spitzbergen hatte man beispielsweise fossile tropische Bäume entdeckt.

Er sammelte jede Menge Indizien für seine Theorie, beweisen konnte er sie jedoch nicht. Erst lange nach seinem Tod konnte man mithilfe der Satellitentechnologie und modernen Messverfahren den Beweis erbringen, dass Kontinente wandern und Ozeane entsprechend weichen oder den driftenden Landmassen folgen.

Das Kontinentalpuzzle

1. Die Landmassen formieren sich im Laufe der Jahrmillionen immer wieder neu, sodass gewaltige Erdteile entstehen oder zerrissen werden. Meere werden von neuen Kontinenten geteilt oder es bilden sich neue Meere, wo die Erdteile wieder zerbrechen. Vor 225 Millionen Jahren zum Beispiel hatten sich alle Kontinente zu einer einzigen Landmasse verbunden. Der wissenschaftliche Name dieses Superkontinents lautet **Pangäa.** Er stammt aus dem Griechischen und bedeutet so viel wie „alles, allumfassend". Dieser einzelne Erdteil wurde von einem einzigen gigantischen Ozean umspült. Wissenschaftler glauben, dass auf dem Ozean gigantische Stürme entstanden, die jedoch kaum bis ins Innere des Superkontinents gelangten. Man nimmt an, dass Pangäa eine einzige riesige Wüste war. Nur an den Küsten konnte sich vermutlich Leben halten, das dort allerdings sehr unter den gewaltigen Stürmen zu leiden hatte – keine gute Zeit für Landbewohner.

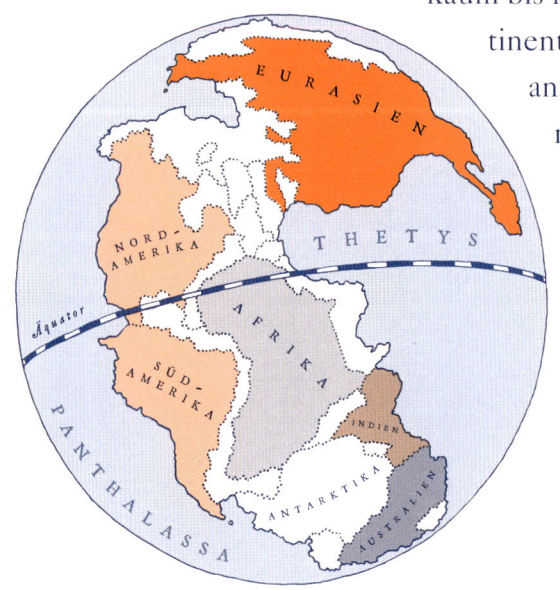

2. Schon vor 200 Millionen Jahren sah die Sache ganz anders aus. Pangäa war in zwei Teile zerbrochen, die die Forscher **Laurasia** und **Gondwana** tauften. In dem Begriff Laurasia versteckt sich schon das Wort Asien. Und tatsächlich machte Asien mit Europa als Anhängsel den Löwenanteil dieses nördlichen Riesenkontinents aus. Der Rest umfasste das heutige Nordamerika, Grönland und Ostsibirien. Gondwana, der südliche Superkontinent, umspannte Afrika, Südamerika, Indien, die Antarktis und Australien. Der Begriff ist vom Namen eines indischen Volkes, den „Gond" abgeleitet, in dessen Siedlungsgebiet man die ersten Hinweise auf den Urkontinent Gondwana gefunden hatte. Dort, wo Pangäa zerbrach, klaffte eine Lücke, in die sich Wassermassen schoben und schließlich das Urmeer Tethys bildeten. Dieses seichte, sehr belebte Meer gilt als Vorläufer des Mittelmeeres und des Indischen Ozeans.

3. Vor 80 Millionen Jahren zerfielen die Kontinentgiganten in weitere Teile und die Welt nahm langsam das Gesicht an, das wir heute kennen.

4. Bleiben die Erdteile weiterhin auf ihrem Kurs, dann wird in 60 Millionen Jahren Australien gegen Asien stoßen. Und in 200 Millionen Jahren wird es einen neuen Superkontinent geben, den einige Forscher schon jetzt als **Pangäa II** bezeichnen. Und wieder wird ein einziger gigantischer Ozean den Kontinent umspülen.

Die Verteilung der Landmassen rund um den Globus bedingt die Verteilung der Wassermassen. Ziehen sich alle Kontinente zu einem einzigen Superkontinent zusammen, ist der Rest der Erde zwangsläufig von einem gewaltigen Superozean bedeckt. Diese Aufteilung zwischen Land und Wasser führt wiederum dazu, dass sich extreme Lebensräume bilden. Während sich auf den unendlichen Weiten des globalen Ozeans Stürme bilden, die jeden heutigen Orkan als laues Lüftchen erscheinen lassen, dringt vermutlich kaum Feuchtigkeit ins Landesinnere des Superkontinents vor. Eine solche Riesenlandmasse wird zum größten Teil aus Wüste bestehen. An den Rändern des Superkontinents gibt es zwar Regen, aber leicht könnte es des Guten zu viel werden. Die Energie der Ozeanströmungen nagt mit verheerender Kraft an den Küsten – kaum vergleichbar mit der Küstenerosion heute. Stürme und sturzbachartige Regenfälle erschweren die Voraussetzungen für das Leben auch in den Übergangsregionen zwischen Meer und Land.

Die Verteilung der Kontinente und damit die Verteilung der Ozeane, wie wir sie heute auf der Erde vorfinden, sorgt dagegen für ein vergleichsweise mildes Weltklima und für viele verschiedene Lebensräume, in denen sich eine unglaubliche Vielfalt von Pflanzen und Tieren entwickeln konnte. Die Ozeane haben jedoch nicht nur die Entstehung des Lebens und der Artenvielfalt beeinflusst, noch heute halten sie auf unterschiedliche Weise das Leben auf dem Planeten am Laufen.

Klimamotor Ozean

Wellenkraft

Für uns Landbewohner sind die Wellen das Auffälligste an den Ozeanen. Aus dem Badeurlaub erscheinen sie so vertraut, dass sich kaum jemand Gedanken über sie macht. Sie sind aber nicht einfach nur gischtgekrönte Wasserberge, sondern erfüllen eine zentrale Aufgabe: die Weitergabe von Energie.

Die höchsten Wellen im Küstenbereich können mit einer Kraft von vier Tonnen niedergehen. Für einen Menschen an Land wäre das etwa so, als ob ihm ein mittelgroßer Elefant auf den Kopf fiele. Ohne das umgebende Wasser, das den Schlag ausgleicht, wären Brandungswellen tödlich für jeden Surfer, den sie erwischen.

Mit dieser Kraft transportieren Wellen Energie rund um den Globus – beispielsweise die Energie des Windes. Selbst die größte Welle, die an eine Küste schlägt, hat draußen auf dem Meer einmal klein angefangen. Es ist nicht mehr als eine sanfte Böe nötig, um Wellen in Gang zu setzen. Zuerst kräuselt sich die Oberfläche. Die Miniaturwellen wirken wie Segel und fangen den Wind ein. Dadurch wachsen sie immer weiter. Interessant ist, dass in diesem Fall das Wasser im Großen und Ganzen nicht selbst wandern muss, es reicht, die Energie weiterzugeben.

Das klingt unglaublich, aber tatsächlich bewegen sich die Wasserteilchen in der Regel nur auf und ab. Man kann dieses

Phänomen am besten verstehen, wenn man Surfer bebobach-
tet, die auf ihren Brettern sitzen und warten, bis die richtige
Welle kommt. Es fällt auf, dass sie nicht in Richtung Strand
getrieben werden, obwohl regelmäßig Wellen anlanden. Die
Surfer werden von den Wellen nur leicht angehoben, bleiben
ansonsten aber an Ort und Stelle. Genauso verhält es sich mit
den Wassermolekülen. Auch sie bewegen sich nicht, sondern
reichen nur Energie weiter.

Auf dem offenen Ozean funktioniert diese Übertragung
äußerst effektiv. Energie könnte rund um den Globus transportiert werden, ohne dass sich Wassermoleküle bewegen
müssten. Treffen Wellen jedoch auf Land, sieht die Sache
anders aus. Sobald sich eine Woge der Küste nähert, wird ihre
Basis durch das Land abgebremst. Die Wellenkrone kann
sich jedoch ungehindert weiter ausbreiten
und dann passiert das Unvermeidliche:

Der obere Teil der Welle „überholt" die Basis und wird zur Brandungswelle. In diesem Moment wird die Energie, die weit entfernt in der Mitte des Ozeans aufgenommen wurde, schließlich freigesetzt.

Welche unglaublichen Kräfte hier zum Tragen kommen, zeigen die Küsten in aller Welt. An vielen Orten werden Küstenlinien so schnell abgetragen, dass die Veränderungen sogar im Verlauf eines Menschenlebens sichtbar werden. In Südengland beispielsweise mussten sich die Einwohner des kleinen Ortes Happisburgh von ihren Wohnhäusern verabschieden. Diese werden buchstäblich vom Meer aufgefressen. Bisher hatten Dämme verhindert, dass die Wellen bis zu den Häusern vordringen konnten. Das war für nur 300 Bewohner jedoch zu teuer, entschied die Regierung und so mussten die Bewohner ihren Heimatort räumen. Vermutlich wird das Dörfchen in wenigen Jahren spurlos verschwunden sein – abgetragen von der Kraft der Wellen.

Auch in Deutschland gibt es Beispiele dafür, wie das Meer die Küsten ständig umgestaltet. Sie würden ohne Küstenschutz bald verschwinden. Die beliebte Ferieninsel Sylt beispielsweise verliert jedes Jahr über eine Million Tonnen Sand durch Erosion.

Wissen

Erosion

Der Begriff Erosion kommt von dem lateinischen Wort „erodere", was so viel heißt wie abnagen. Und tatsächlich geht es bei der Erosion darum, dass irgendeine Oberfläche abgenagt wird - allerdings nicht von lebenden Wesen, sondern von den Naturgewalten Wind und Wasser. Die Winde weltweit bewegen Tonnen von Sand und Staub und schmirgeln damit sogar härtestes Gestein ab. Wasser ist sogar noch erfolgreicher. Als Meer nagt es an den Küsten, in Form von Gletschern, Bächen und Flüssen trägt es im Laufe der Zeit sogar ganze Berge ab.

Manchmal gelingt es dem Menschen, Küsten zu erhalten oder sogar dem Meer neues Land abzutrotzen. Vor allem in den Niederlanden hat man seit dem 14. Jahrhundert immer neues Land eingedeicht. Zum Beispiel ist fast die gesamte Provinz Flevoland durch Rückgewinnung entstanden.

Unter dem Strich führt der Einfluss des Menschen allerdings eher zu mehr Erosion. Das belegt eine Studie, die die Europäische Union 2004 veröffentlichte. Jährlich gehen an Europas Küsten zwischen zwei bis teilweise sogar 15 Meter Küstenstreifen verloren. Bereits ein Fünftel der Küstenlinie des gesamten Kontinents ist in Gefahr.

Die Studie weist nach, dass für den dramatischen Schwund

nicht etwa die natürliche Erosion verantwortlich ist, sondern der Mensch. In jedem Jahr werden in Europa rund 100 Millionen Tonnen Sand verbaut. Dieser Sand fehlt in den Flüssen und Strömen. Zudem befestigt man immer mehr Ufer von Fließgewässern, sodass sie kaum noch ihre wichtige Aufgabe der Resedimentierung erfüllen können. Das bedeutet im Klartext: Verbaut man den Sand Europas in Gebäuden und Straßen, wird von den Flüssen einfach nicht genug Sediment in Richtung Meer mitgenommen und an die Strände geschlämmt. Den europäischen Sandstränden fehlt es an Nachschub.

Erosion und Resedimentierung sind wichtige Faktoren in dem großen Zusammenwirken der Kontinente und Meere, das Wissenschaftler gern mit einem Krieg zwischen Land und Wasser vergleichen. Und tatsächlich: Die Ozeane zerstören jährlich so viele Küstenstreifen, dass sich die Erde in einigen Jahrmillionen in einen völlig landlosen Wasserplaneten verwandeln würde, wenn durch die Kräfte des Erdinneren nicht ständig neues Land aufgefaltet werden würde. Die Meere geben den Erdteilen also durch Erosion ihre äußere Form. Und darüber hinaus haben sie enormen Einfluss auf das Leben an Land. Wie groß dieser Einfluss ist – darauf wurden Wissenschaftler erst durch einen folgenschweren Unfall aufmerksam.

Enten ahoi!

Missmutig schaut der Kapitän auf die düstere Wolkenfront am Horizont. Sie nähert sich schnell – viel schneller als erwartet. Das würde ein gewaltiger Tropensturm werden und er hat seine letzte Chance verpasst, dem Ungeheuer zu entgehen. Die Crew des Frachtschiffs stürzt geschäftig über das Deck. Überall muss noch etwas vertäut oder weggeräumt werden. Bei starkem Wind kann alles über Bord gehen oder zu einem tödlichen Geschoss werden. Die tiefschwarzen Wolken haben sich zu einer massiven Wand zusammengeballt. Wie ein gigantischer dunkler Drache saust der Unwetterberg heran und schon hört man auch sein dunkles Brüllen.

Die ersten Wellen schlagen über das Deck. Der Kapitän gibt Befehle und winkt seine Leute heran. Es ist höchste Zeit, das Deck zu räumen. Schon ist nichts mehr zu verstehen. Der Sturm hat sie erreicht und dröhnt, als wolle er das Schiff allein durch sein Getöse zum Bersten bringen. Zunächst scheint der Frachter dem Windgiganten zu trotzen, doch dann geht ein Ruck durch den Schiffskörper und ein entsetzliches Knirschen lässt die Besatzung erstarren. Fracht hat sich gelöst. Ein ganzer Container rutscht unkontrollierbar umher. Das kann das Ende bedeuten – schon oft hat nicht ausreichend fixierte Ladung ein Schiff zum Kentern gebracht.

Aber Kapitän und Mannschaft haben noch einmal Glück. Der Container kippt bei einer der nächsten Wellen ins Meer und das Schiff passiert den Sturm ohne weitere Probleme.

Diese Szene ereignete sich im Jahr 1992 auf dem mittleren Pazifik. Was zu diesem Zeitpunkt niemand ahnen kann: Die verschollene Fracht ist keineswegs auf den Grund des Ozeans hinabgesunken. Nachdem die zertrümmerten Container ihren Inhalt den Wellen anvertraut haben, geht die Geschichte erst richtig los. Auf den sturmgepeitschten Wogen tummeln sich **Plastikentchen!**

29.000 der kleinen Badetiere beginnen eine unglaubliche Entdeckungsreise rund um den Erdball. Die Kraft, die sie voranbringt, haben die Forscher lange unterschätzt.

Zunächst reihen sich die Enten auf den Oberflächenströmungen des Pazifischen Ozeans ein. Das sind die schnell fließenden Wassermassen, die die oberste Schicht eines jeden Ozeans bis in eine Tiefe von etwa 300 Metern bilden. 300 Meter klingt zwar ziemlich tief, umfasst aber nur einen ganz geringen Teil des Meerwassers. Die Oberflächenströmungen durchziehen die Meere kreuz und quer wie ein riesiges Netz von Autobahnen, Bundesstraßen und Landstraßen – nur dass sie den Antrieb gleich mitliefern. Und die Plastikentchen surfen auf diesem Strom mit mehr oder weniger Geduld.

Viele der reiselustigen Badeenten treiben in Hawaii an Land, andere zieht es weit in den Norden, in die USA und nach Kanada. Offenbar driftet ein Teil des Schwarms sogar aus dem Pazifik und wird durch die Beringstraße sogar ins Arktische Meer transportiert. Nachdem immer mehr Enten an verschiedenen Küsten auftauchen, werden auch Wissenschaftler auf sie aufmerksam. Sie erkennen das Potential der weltreisenden Enten und setzen sogar ein „Kopfgeld" für jedes gefundene Plastiktier aus. Allerdings muss jeder Entenkopfjäger exakt beschreiben, wo er „seine Beute" gefunden hat.

In der Beringstraße friert der Rest des gelben Schwarms erst einmal ein und verschwindet für mehrere Jahre im Packeis. Erst als das Eis schmilzt, können die Enten ihre Reise in Richtung Süden durch den Atlantik fortsetzen. Noch acht Jahre nach dem Unfall im Pazifischen Ozean tauchen an den Küsten Nordamerikas, Kanadas und sogar Islands Badeenten auf. Diese Nachzügler sind über drei Ozeane und jede Menge anderer Meere transportiert worden – völlig ohne eigenen Antrieb.

Für die Wissenschaftler war die Auswertung der ausgedehnten Reiserouten eine Riesenüberraschung. Obwohl seit Jahrhunderten bekannt war, dass es Oberflächenströmungen gibt, hatten erst die Reisen der Plastikenten bewiesen, wie gewaltig und weitverzweigt das Netz der Ozeanautobahnen ist.

Wer schon einmal im Meer baden war, weiß, dass Strömungen überraschend stark sein können. Gelegentlich muss an Küsten sogar Badeverbot erteilt werden, weil selbst gute Schwimmer durch die Oberflächenströmungen aufs Meer hinausgezogen werden und ertrinken können. Allerdings sind die küstennahen Strömungen gut erforscht. Nicht nur, weil sie so manchem den Badeurlaub vermiesen, sondern auch, weil sie eine große Bedeutung

für den Fischfang haben. Die Strömungen verteilen Nährstoffe in den Ozeanen und sorgen so für Planktonwachstum.
Plankton wiederum lockt Fischschwärme an.

Wissen

Die Küsten der Welt verdanken ihren Fischreichtum in
erster Linie den Meeresströmungen.

Dass Forscher mittlerweile noch mehr über das komplizierte
weltweite Netz der Oberflächenströmungen wissen, das als
gewaltiger Motor die Wettermaschine der Erde antreibt, ist
nicht zuletzt das Verdienst der unternehmungslustigen Plastikenten.

Oberflächenströmungen transportieren so gut wie alles,
was an der Oberfläche bleibt: Plastikentchen ebenso wie
Müllsäcke, Ölteppiche oder Kokosnüsse. Das wichtigste
Transportgut von allen ist jedoch Wärme. Ozeane sind die
besten Wärmespeicher überhaupt. Die Weltmeere nehmen
im Oberflächenbereich so viel Wärme auf wie die Atmosphäre
insgesamt. Diese Speichermöglichkeit allein ist schon ungewöhnlich, aber erst die Fähigkeit, Wärme mithilfe der Oberflächenströmungen über den gesamten Globus zu verteilen,
macht die Weltmeere zum wichtigsten Klimagenerator des
Planeten. Das bedeutet, ohne den Wärmeaustausch durch
die Ozeane wäre die Erde zu großen Teilen unbewohnbar.
Ein Beispiel ist der Golfstrom.

Fernheizung per Golfstrom

Der „Golfstrom", diese gewaltige Strömungsautobahn ist besonders gut untersucht, weil sie für Europa eine besondere Bedeutung hat. Man kann den Verlauf dieses Stroms auf Wärmebildern von Satelliten hervorragend erkennen, weil er viel wärmer als die umgebenden Wassermassen ist. Schon seit drei Millionen Jahren schlängelt sich dieses unerschöpflich scheinende Wasserband quer durch den Atlantischen Ozean.

Das war allerdings nicht immer so. Vor drei Millionen Jahren hingen die Kontinente Nord- und Südamerika nicht direkt zusammen. Eine warme Strömung floss durch die Lücke zwischen den beiden Erdteilen und verband den Pazifischen und den Atlantischen Ozean miteinander, vom Golfstrom gab es noch keine Spur. Erst als die beiden Kontinente weit genug aufeinander zugewandert waren und zusammenstießen, faltete sich eine Kette von Vulkanen auf und verschloss die Lücke. Dieses Gebiet nennt man heute Isthmus von Panama. Geologen halten diese auf den ersten Blick unspektakuläre Entwicklung für eine der bedeutendsten Veränderungen im Verlauf der vergangenen 60 Millionen Jahre:

Statt wie bisher zwischen Nord- und Südamerika hindurchzu strömen, wurden die warmen Fluten ab diesem Zeitpunkt nämlich umgeleitet. Sie umrunden seither den Golf von Mexiko und bewegen sich in Richtung Norden. Erst allmählich entwickelte sich das heutige System von Strömungen, das als „Golfstrom" bezeichnet wird.

Mit dem Golfstrom bewegen sich warme Wassermassen aus dem Süden bis zum Polarkreis. Auf dem Weg geben sie Wärme ab – zum Beispiel an Europa. Dadurch liegen die Durchschnittstemperaturen hier um rund 10 °C höher als zum Beispiel in Kanada oder anderen Regionen, die auf dem gleichen Breitengrad liegen und deshalb eigentlich das gleiche Klima haben müssten. Allein der Golfstrom verwandelte Europa aus einer eisigen Wildnis in einen angenehm temperierten, fruchtbaren Erdteil. Bis in die Gegenwart sorgt der Golfstrom dafür, dass in Italien, Frankreich und Deutschland Getreide, Gemüse und süße Früchte wachsen und selbst bis in den Norden Skandinaviens Menschen siedeln können.

Wissen

Den Namen „Golfstrom" dachte sich der Naturwissenschaftler und Staatsmann Benjamin Franklin aus. Er interessierte sich als Generalpostmeister der amerikanischen Kolonien Britanniens besonders für den Golfstrom, weil dieser seine Postschiffe auf dem Atlantik verlangsamte. 1770 ließ Franklin die erste Karte des Golfstroms zeichnen, damit die Kapitäne die widrige Strömung umsegeln konnten.

Sollte das Leben spendende Strömungssystem irgendwann seinen Weg ändern, müssen sich fast alle Europäer ein neues Zuhause suchen. Denn: Vor einem Temperaturabfall von 10° bis sogar 20°C kann man sich nicht einmal mit den dicksten Daunendecken schützen. Auf lange Sicht würde eine kilometerdicke Eisdecke jedes Leben in Europa unmöglich machen.

Wissen

Der Mensch folgt dem Klima

In der Vergangenheit ist der Kontinent Europa schon mehrfach unter einem massiven Eisschild verschwunden. Im Rückblick war das für die Entwicklung der Menschen nicht unbedingt ein Nachteil. Beispielsweise sollen einzelne Kältephasen mitverantwortlich für die Wanderbewegungen verschiedener Menschentypen aus Afrika gewesen sein. Was die Eisschilde in Europa mit den Menschen in Afrika zu tun haben, wird erst deutlich, wenn man bedenkt, dass all die gefrorenen Wassermassen dem weltweiten Wasserkreislauf fehlten. In Afrika, so glauben viele Wissenschaftler, soll der Regen ausgeblieben sein und die Menschen gezwungen haben, ihre zunehmend trockenere Heimat zu verlassen. Der erste, der sich aus Afrika aufmachte und fast die ganze Welt besiedelte, war Homo erectus, später kam dann unser direkter Vorfahr: Homo sapiens. Ohne die Kapriolen des Golfstroms hätten diese beiden Menschentypen nach Meinung einiger Forscher Europa nie besiedelt.

Das Globale Förderband

Ein noch gewaltigeres Strömungssystem tritt erst nach und nach ins Bewusstsein der Wissenschaftler. Eine Superströmung durchzieht fast alle Ozeane und beeinflusst das Klima des gesamten Globus. Als „Globales Förderband" scheint das System weltweit alles genau dorthin zu bringen, wo es gebraucht wird.

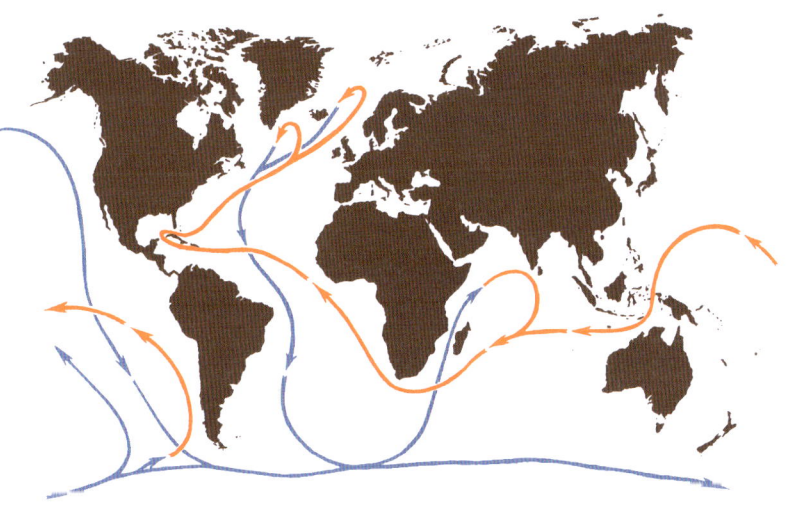

Am Äquator nimmt das **Globale Förderband** Sonnenenergie auf. Die warmen Fluten (orange dargestellt) bewegen sich als Oberflächenströmung in Richtung Norden. Dort kühlen sie ab, sinken in die Tiefe und setzen ihren Weg am Meeresboden fort (blaue Ströme).

Ohne diesen Abtransport würde sich das Wasser in Äquatornähe so aufheizen, dass kein Leben mehr möglich wäre.

Unterwegs trifft das Förderband auf den Golfstrom, der von seiner Reise über den Atlantik bereits etwas abgeschwächt ist. Gemeinsam bewegen sich Förderband und Golfstrom weiter nordwärts und versorgen die Umgebung mit Wärme.

Wie man erst seit Kurzem weiß, setzt das Förderband im Grunde fort, was der Golfstrom begonnen hat. Seine Ausmaße sind jedoch so gigantisch und seine Zyklen so lang, dass sein Wirken Forschern lange verborgen blieb. Heute versucht man, seine Leistungsfähigkeit zu messen. Angeblich soll das Förderband ein Drittel so viel Energie nach Island transportieren wie der gesamte Nordatlantik an Sonnenlicht absorbiert. In anderen Worten: Ohne das Förderband könnten die Isländer trotz heißer Quellen nicht überleben.

Wenn das Förderband die Arktis erreicht, ist es schon deutlich abgekühlt. Da unterwegs nicht nur Wärme abgegeben wurde, sondern auch viel Wasser verdunstet ist, werden die Fluten immer salzhaltiger, je weiter sie nach Norden kommen. Niedrige Temperatur und steigender Salzgehalt machen das Wasser dicht und schwer, sodass es schließlich auf den Meeresboden sinkt.

Da immer neues Wasser folgt, werden die Ströme auf dem Grund des Ozeans immer weiterbewegt. In der Meerenge zwischen Grönland und Island gleitet das Wasser dann über eine unglaubliche Unterwasserrutschbahn. 3.500 Meter stürzt es über die Kante des mächtigsten Wasserfalls der Erde. Leider hat noch niemand diese reißende Flut gesehen. Bislang weiß man nur durch Messungen von dem verborgenen Meereswasserfall, neben dem die **Angel Falls** in Venezuela, die mit 1.000 Metern als die höchsten Wasserfälle der Welt gelten, winzig aussehen würden.

Insgesamt dauert es volle 1.000 Jahre, bis ein Wassertropfen, der z.B. am Äquator seine Reise beginnt, wieder am Anfangspunkt seiner Route ankommt.

Unterwegs beeinflusst das Globale Förderband alles, was seinen Weg kreuzt. Beispielsweise ist es mitverantwortlich für den Sauerstoffhaushalt der Ozeane. Wenn die Wassermassen im Polarkreis absinken, reißen sie große Mengen Sauerstoff in die Tiefe. Ohne diese regelmäßige Sauerstoffversorgung wären große Teile der Tiefsee eine leblose Einöde. In der Tiefsee gibt es wiederum neue Fracht für das Globale Förderband. Der Meeresboden ist das reinste Nährstoffdepot. Bakterien zerlegen hier abgestorbene Pflanzenreste und Tierkadaver. Das nährstoffreiche Wasser in Bodennähe wird vom Förderband aufgenommen und weitergetragen – unter anderem bis zu den Küsten des lebensfeindlichsten Erdteils überhaupt.

Die Antarktis ist eine tödliche Eiswüste, aber die Wassermassen, die sie umströmen, gehören zu den nährstoffreichsten des ganzen Planeten. Hier werden große Mengen Wasser aus der Tiefsee mit ihrer fruchtbaren Fracht wieder an die Oberfläche gespült und im mittleren Pazifik freigesetzt.

Die Situation auf der Südhalbkugel ist deutlich anders als im Norden. Hier gibt es viel mehr Wasser als auf der Nordhalbkugel. Es umfließt die Antarktis in einem großen Kreisverkehr und kann sich hier langsam aufwärmen. Die Antarktis ist ja anders als die Arktis eine Landmasse, das heißt, sie kühlt die Wassermassen nicht so stark ab wie das Packeis im Norden. Für Plankton ist diese Gegend das reinste Schlaraffenland. Und diese Einzeller wiederum sind die Basis der gesamten Nahrungskette im Meer. Vom kleinsten Krebs bis zum größten Wal – alle Meeresbewohner verdanken ihre Existenz dem Plankton – und damit dem Globalen Förderband.

Schließlich leitet das Förderband die Wassermassen wieder zurück in Richtung Norden, nimmt am Äquator Wärme auf und steuert erneut die Arktis an – ein immer gleicher Kreislauf, der dafür sorgt, dass Wärme, Sauerstoff und Nährstoffe in den Weltmeeren verteilt werden.

Bewegte Zeiten

Lunika verdreht die Augen. Hinter dem Rücken ihrer Freundin Sue sieht sie, wie Tauron mit großen Schritten über den Korridor der Schule kommt und direkt auf sie zusteuert. Den kann sie nun gar nicht brauchen, aber außer einer hektischen Flucht ins Mädchenklo hat sie keine Ausweichmöglichkeit, und das erscheint ihr dann doch etwas übertrieben.

„Hallo Lunika", grüßt Tauron. „Ich möchte mich für letzten Monat entschuldigen. Ich hab's verpeilt. Ich hätte einfach noch mal kurz vor unserem Ausflug den regionalen Wetterbericht checken sollen. Ich wollte doch nur mal mit dir allein sein und den Sternenhimmel ansehen."

Lunikas Mauer bröckelt ein bisschen. Irgendwie war das ja schon süß, aber man sollte sich wirklich nicht mit einem Typen abgeben, der seine Frühwarnmeldung im Handy ausschaltete, nur weil das Gepiepse die Romantik stören könnte. Gerade als wäre der Wetterbericht nur zum Spaß da …

Früher – so hatte sie gehört – hatte ein Mond am Himmel gestanden und den Liebenden die Nächte erhellt, doch 2025 hatte ein Asteroid den Erdtrabanten getroffen und ihm einen kräftigen Schubs verpasst. Der Mond war wie eine übergroße Billardkugel ins All geschossen und schließlich in die Sonne gestürzt. Zunächst waren alle auf der Erde erleichtert gewesen, dass der Mond nicht in Richtung Erde gefallen war, aber jetzt musste man sich auf ein Leben ohne den Mond einstellen. Und das war ganz und gar nicht einfach.

Damals konnte man vielleicht ohne direkte Verbindung zur nächsten Wetterstation überleben, aber heute … Was für ein Leichtsinn dieses Date mit Tauron doch gewesen war!

Er hatte sie zu einem Picknick unter dem Sternenhimmel eingeladen – abseits der Massen und außerhalb der ausgewiesenen Picknickplätze. Zunächst war auch alles sehr schön gewesen. Sie hatten sich ein Plätzchen gesucht, das von den Lichtern der nahen Großstadt sanft bestrahlt wurde, und wollten sich gerade die Köstlichkeiten aus der Picknickbox schmecken lassen, als der Hurrikan kam und einen Tsunami vor sich hertrieb.

Eine 30 Meter hohe Wasserwand, die sich gerade noch drohend am fernen Horizont abgezeichnet hatte, rollte mit rasender Geschwindigkeit auf sie zu. Sie würde sie mit sich reißen, wenn sie nicht schnell höher gelegenes Gelände erreichten. Sie rannten um ihr Leben. Als sie am Auto ankamen, würgte Tauron vor Panik den Motor ab. Lunika glaubte nicht mehr an Rettung. In der Nähe knickten jetzt sogar solche Bäume ab, die früheren Fluten getrotzt hatten. In buchstäblich letzter Sekunde setzte sich der Wagen in Bewegung und sie rasten die Straßen hinauf in die Berge, auf den rettenden Gipfel. Oben sahen sie andere Paare, die das Spektakel gut gelaunt von den Restaurants und Lokalen der Sicherheitszone aus beobachtet hatten.

Bei dieser Erinnerung wird Lunika klar: Auf so ein hirnrissiges Abenteuer wird sie sich nie mehr einlassen. Tauron ist für sie gestorben.

Der **Mond** ist nicht nur Himmelsdekoration für Verliebte, sondern der zweitwichtigste Himmelskörper für alles Leben auf der **Erde,** direkt nach der Sonne. Zwar versorgt die Sonne unseren Heimatplaneten mit Energie, aber der Mond ist dafür verantwortlich, dass das Sonnenlicht in einer gleichmäßigen, lebensfreundlichen Weise auf der Erdoberfläche verteilt wird.

Das schafft er, indem er die Achse der Erde stabilisiert – ein Glücksfall, der das Leben auf unserem Heimatplaneten überhaupt erst möglich macht. Ohne die Anziehungskraft des Mondes würde die Erdachse schwanken und der ganze Planet vergleichsweise chaotisch auf seiner Bahn herumtaumeln. Der Sonne würde die Erde hektisch drehend in schneller Abfolge mal die eine, mal die andere Seite zum Bescheinen hinhalten. Mit Computersimulationen können Wissenschaftler heute berechnen, welche Auswirkungen das auf unser Klima haben könnte. Schnell wechselnde Temperaturen würden die gewohnten Wettermuster auf der Erde ablösen und sowohl die Jahreszeiten Frühling, Sommer, Herbst und Winter als auch die heute vorherrschenden Klimazonen von der polaren bis zur tropischen Zone würden so nicht mehr existieren. Landlebewesen und Meeresbewohner wären von den enormen Temperaturschwankungen gleichermaßen bedroht. Einige Forscher glauben sogar, dass die meisten Lebensformen dem Klimastress auf Dauer zum Opfer fallen würden und ein Überleben höchstens in der Tiefsee möglich wäre.

Zum Glück ist der Mond aber immer noch ständiger Begleiter unserer Erde. Und seine Nähe hat sogar noch mehr positive Wirkungen auf uns. Zum Beispiel bremst der Mond die wirbelnde Erde ab, indem er zwei Mal am Tag für Fluten sorgt. Die Wassermassen der Ozeane wirken wie Bremsklötze gegen die wilde Karussellfahrt der Erde. Nur durch die Nähe des Mondes hat ein Erdentag heute 24 Stunden und nicht nur acht wie ohne Mond. Das bedeutet nicht nur längere Wach- und Ruhephasen für uns Bewohner, sondern schützt uns auch vor katastrophalen Stürmen.

Jupiter und Saturn sind zum Beispiel Planeten, die sich mit Tageslängen um die zehn Stunden vergleichsweise schnell drehen und damit gigantische Stürme am Laufen halten. Der eindrucksvollste Rekordsturm unseres Sonnensystems braust seit Hunderten von Jahren mit Geschwindigkeiten von 500 Kilometern pro Stunde über den Jupiter und sein Durchmesser ist doppelt so groß wie der der Erde.

Wissen

2010 meldete die NASA einen Sturm auf dem Saturn, der sich auf der bisher größten gemessenen Fläche von vier Milliarden Quadratkilometern ausdehnte. Das entspricht dem Achtfachen der Erdoberfläche.

Auf einer schnell drehenden Erde können ebenfalls solche Megastürme entstehen und gewaltige Flutwellen über die Ozeane jagen. Vermutlich würden solche Monsterwellen in kürzester Zeit ins Innere der Kontinente vordringen und sogar die Gebirge nach und nach abschleifen. Nur der Mond bewahrt uns vor solchen Dauerdesastern.

Dass die vom Mond verursachten Fluten die Erde abbremsen, ist eine wichtige, allerdings nicht die einzige Auswirkung seiner Anziehungskraft. Die enormen Wassermassen der gesamten Erde bewegen sich im Rhythmus der Gezeiten, sogar an den Kontinenten zerren seine Kräfte. Europa zum Beispiel hebt er zweimal täglich 35 Zentimeter in die Höhe und lässt es wieder fallen.

Wissen

Ebbe und Flut

Gezeiten oder Tiden nennt man die regelmäßigen Wasserbewegungen der Ozeane, die von den sogenannten Gezeitenkräften verursacht werden. Diese entstehen sowohl durch die Anziehungskraft zwischen Erde und Mond als auch zwischen Erde und Sonne. Die Sonne ist zwar viel weiter weg als der Mond, aber ihre Masse ist um ein Vielfaches größer, daher erzeugt sie Gezeitenkräfte, die immerhin halb so groß sind wie die des Mondes. Weil die Erde sich um sich selbst dreht, ändern sich die Gezeitenkräfte in immer gleichem Takt. Je nachdem in welchem Verhältnis Erde, Sonne und Mond gerade zueinander stehen, können die vom Mond und der Sonne verursachten Gezeitenkräfte sich gegenseitig beeinflussen. Befinden sich Sonne und Mond zum Beispiel auf der gleichen Seite der Erde, dann addieren sich ihre Kräfte und es gibt auf der ihnen zugewandten Seite der Erde Springfluten. Stehen Sonne und Mond jedoch im rechten Winkel zur Erde, heben sich ihre Kräfte teilweise auf und es kommt zu einer kaum messbaren Flut, der sogenannten Nippflut.

Die Gezeiten haben vor allem für Seefahrt und Fischfang schon immer eine große Rolle gespielt. Der heutige Artenreichtum in den Küstengebieten wäre ohne die vom Mond verursachte Wasserbewegung nie entstanden. Das heißt, viele marine Lebensformen, die uns zur Nahrung dienen und heute leicht erreichbar an den Küsten leben, gäbe es ohne den Mond gar nicht. Einige Wissenschaftler glauben sogar, dass der treue Begleiter der Erde ein wichtiger Faktor dabei gewesen sein könnte, das Leben aus dem Meer auf das feste Land zu locken und damit der Evolution einen gewaltigen Schub nach vorn zu geben.

Mondsüchtig

Der Vollmond taucht die Küste Yucatans in sein silbernes Licht. Es ist Frühsommer, kein Lüftchen ist zu spüren und der Strand selbst scheint den Atem anzuhalten. Dicht am Ufer taucht unerwartet ein schwarzes Augenpaar aus dem Meer auf. Facettenblicke sondieren die Lage. Doch die Vorhut hat keine Zeit zum Verweilen. Das Augenpaar schiebt sich weiter aus dem Wasser, ein grauer Schild glänzt im Mondlicht. Das seltsame Wesen, das einem Unterseeboot oder einem Raumschiff gleicht, bewegt sich langsam auf die Küste zu. Andere Augenpaare erscheinen wie schräg gestellte Periskope über der Wasserlinie. Immer mehr der fremdartigen Wesen tauchen aus den Fluten empor und bewegen sich in stummer Eintracht landwärts. Der erste hat bereits das Wasser verlassen. Was planen diese seltsamen Gesellen, die mit ihren hufeisenförmigen Panzern und dem langen, spitzen Stachel wie Wesen von einem anderen Planeten wirken? Lockt sie das Mondlicht an den Strand? Längst wimmelt der Sand von Tausenden, ja Zehntausenden der Invasoren. Der Strand quillt schier über und noch immer drängen weitere Scharen an Land, schieben und drücken, zwicken mit Scheren oder trampeln über andere hinweg. Die Zeit der Paarung und Eiablage ist gekommen für ein lebendes Fossil, dessen Ahnen schon vor 400 Millionen Jahren an die Küste der Ozeane kamen: den Pfeilschwanzkrebs.

Der **Pfeilschwanzkrebs** ist ein gutes Beispiel dafür, wie sich Lebewesen aus dem Meer dem Lebensraum an Land genähert haben könnten. Ganz gleich, ob sie sich selbst oder ihre Nachkommen vor Feinden schützen wollten oder auf Futtersuche waren, ohne die Hilfe der Gezeiten wäre der Landgang deutlich beschwerlicher gewesen. Der Pfeilschwanz-

krebs lässt sich bis heute mit der Flut, also durch die Kraft des Mondes, an Land spülen. Und so wie er haben es sicher viele frühe Landgänger gemacht.

Ohne den Mond wäre die Eroberung der Kontinente sicher noch viel langsamer oder überhaupt nicht gelungen. Vielleicht hätten es einzelne Wesen geschafft, auf den Kontinenten zu überleben, aber etwas so Kompliziertes wie den Menschen hätte eine mondlose Erde vermutlich nicht hervorgebracht. Denn ohne die Anziehungskraft des Mondes würden regelmäßig gewaltige Flutwellen um die Erde rasen. Nur hoch spezialisierte Lebewesen wären in der Lage, sich an einen steten Wechsel von nass und trocken anzupassen. Intelligenz würde sich unter solchen Voraussetzungen wahrscheinlich nicht entwickeln.

Ohne Mond gäbe es außerdem keine Jahreszeiten und die Kontinente würden stattdessen von Dauerstürmen heimgesucht. Bei so ungemütlichen Verhältnissen würden Landbewohner eher unter als über der Erde hausen.

Landlebewesen wären zudem so platt wie Flundern, denn ohne Mond wirkt sich die Erdanziehungskraft viel stärker aus. Die „Gewichtszunahme" durch die heftiger wirkende Anziehungskraft könnte selbst mit der strengsten Diät nicht ausgeglichen werden. Menschen würden sich nie als aufrecht gehende Zweibeiner entwickeln, weil viel zu viele Muskeln erforderlich wären, um sich gegen die Erdanziehung zu behaupten. Der Mond sorgt nämlich für ein wenig Ausgleich zur Erdanziehung, indem er uns ein Stück weit zu sich hinzerrt. Solange er von oben zieht und die Erde von unten, merken wir nicht viel davon. Fehlte seine ausgleichende Kraft jedoch plötzlich, würde die Erde alle Lebewesen unweigerlich in die Knie zwingen. Wissenschaftler, die sich ursprünglich darüber Gedanken machten, wie Lebewesen auf anderen Planeten aussehen könnten, lieferten Entwürfe von Kreaturen, die in einer mondlosen Welt überleben würden. Beispielsweise erfanden sie amphibienartige Kriecher, die sechs Beine benötigen, um ihr Gewicht vom Boden hochzustemmen. Extrem leicht müssten solche Krabbeltiere sein, so die Überlegung, denn zu viele Muskeln würden ihr Gewicht erhöhen und sie erneut zu Boden drücken.

Damit sie, wenn sie sich schließlich mühevoll von der Erde hochgestemmt haben, nicht gleich von den allgegenwärtigen Stürmen weggetragen werden, haben die Forscher ihre Füße mit langen Krallen ausgestattet, mit denen sie sich im Notfall schnell festhaken können.

So betrachtet können wir also recht froh darüber sein, dass der Mond unsere Erde begleitet. Er ist ausgesprochen wichtig für uns, allerdings sind wir gerade erst dabei, seine Geheimnisse zu lüften. Die Geschichte seiner Entstehung lag zum Beispiel lange Zeit völlig im Dunkeln.

„Das ist ein kleiner Schritt für den Menschen … ein … riesiger Sprung für die Menschheit."

Am 21. Juli 1969 um 01:56:20 Uhr (UTC) saßen Menschen auf der ganzen Welt vor den Radiogeräten und hörten diesen Satz des ersten Menschen, der die Oberfläche des Mondes betrat. Nur wenige hatten damals ein eigenes Fernsehgerät und konnten die **Mondlandung** auch im Bild verfolgen.

Obwohl diese außergewöhnliche Reise zum Mond schon Jahrzehnte zurückliegt, inspiriert sie bis heute die Forschung. Beispielsweise entwickelten Wissenschaftler aufgrund der Gesteine, die die Astronauten 1969 von der Mondoberfläche mitgebracht hatten, erst vor Kurzem eine neue Theorie zur Entstehung des Mondes.

Der Zwillingsplanet

Die Entstehung des Erdmondes wird seit Jahrhunderten heftig diskutiert. Hatte sich der vergleichsweise riesenhafte Trabant gleichzeitig mit der Erde gebildet, als das Sonnensystem entstand? Hatte die Erde einen vorbeifliegenden Himmelskörper angezogen und in eine Umlaufbahn um sich selbst gezwungen oder hat sich der Mond gar von der Erde abgespaltet, weil diese sich zu heftig drehte?

Alle diese Hypothesen wurden wieder verworfen. Für keines der drei Gedankenspiele konnten handfeste wissenschaftliche Beweise gefunden werden. Schlimmer noch: Physikalische Gesetze sprachen dagegen. Schließlich brachten Untersuchungen an den Mondgesteinen, die die Astronauten Armstrong und Aldrin von ihrer Mondlandung mitgebracht hatten, den Durchbruch. Die Felsbrocken zeigten große Ähnlichkeit mit Gesteinen auf der Erde, zugleich unterscheidet sich der Mond in seiner Zusammensetzung jedoch deutlich von der Erde. Er enthält zum Beispiel sehr viel weniger Eisen. Schließlich reifte eine abenteuerliche, aber bestechend logische Erklärung heran.

Theia und Erde auf Kollisionskurs

Schwestern im All

Die Erde zog zu Beginn ihrer Karriere im Kosmos nicht etwa allein ihre Runden auf ihrer Umlaufbahn. Sie musste sich mit einem Schwesterplaneten arrangieren, der ungefähr halb so groß wie sie selbst war, dabei aber ein echtes Schwergewicht. Man schätzt, dass die Zwillingsschwester der Erde in etwa so groß wie der Mars war, aber doppelt so schwer. Mittlerweile hat dieser Urplanet auch einen Namen: Man nennt ihn **Theia**.

Vor 4,51 Millionen Jahren sollen die Planetenschwestern Erde und Theia dann zusammengestoßen sein. Bei der **kosmischen Karambolage** wurde die kleinere Theia völlig zerstört. Der Eisenkern des Urplaneten blieb vermutlich in der Erde stecken und wurde von ihr vereinnahmt. Theias äußere Hülle und ein Teil des Erdmantels sollen abgesprengt worden sein.

Um die Erde bildete sich zunächst ein Trümmergürtel. Ein Teil der Gesteinsmassen verschmolz wieder mit der Erde, ein anderer Teil formte sich zu unserem Mond.

Dieses Szenario der kosmischen Karambolage erklärt nicht nur die Größe des Mondes und die Ähnlichkeit von Mond- und Erdgestein, sondern auch den akuten Eisenmangel unseres Trabanten.

Mit Computersimulationen kann man zeigen, dass der Mond noch eine Weile brauchte, bis er seine heutige Umlaufbahn um die Erde einnahm. Zunächst stand er der Erde viel näher. Erst nach und nach erreichte der Mond seine stark geneigte Umlaufbahn in 384.000 Kilometern Entfernung zur Erde. Und auch dort wird er nicht immer bleiben. Jahr für Jahr entfernt er sich etwa drei Zentimeter von der Erde. In einigen Millionen Jahren wird er sich vermutlich ganz ins All verabschieden. Bis dahin spielt er allerdings eine entscheidende Rolle für die Erde und alles Leben auf ihr. Und woher kommt das Leben nun eigentlich?

Leben aus dem Meer

Rätselhafte Anfänge

Das große Geheimnis vom Ursprung des Lebens versuchen Forscher zu lüften, seit es die Wissenschaft gibt. Auch die Gelehrten des 21. Jahrhunderts sind noch vollauf damit beschäftigt, dieses kniffligste aller Rätsel zu lösen. Zumindest besteht in der Wissenschaftsgemeinde heute eine gewisse Einigkeit darüber, dass die Erde nicht von Anfang an ein belebter Planet gewesen sein kann. Vor 4,6 Milliarden Jahren war unser Sonnensystem aus den Überresten mehrerer Supernovä entstanden, aber es dauerte eine Weile, bis der Planet bezugsfertig war. Zu hohe Temperaturen verhinderten zunächst die Entstehung des Lebens. Die Erdoberfläche war mit flüssigem Magma bedeckt und aus dem All regnete es Meteoriten.

Wissen

Supernova

Am Ende seiner Lebenszeit verschwindet ein Stern nicht einfach sang- und klanglos im All, sondern explodiert mit einem schnellen superhellen Aufleuchten. In diesem Zustand nennt man ihn Supernova. Die Leuchtkraft des Sterns kann dabei millionen-, ja sogar milliardenfach größer sein als zuvor und er kann so hell wie eine ganze Galaxie erstrahlen.

Erst allmählich kühlte der junge Planet ab. Wasserdampf stieg auf und gewaltige Regenmengen füllten frühe Flüsse und Urmeere. Vor 3,8 Milliarden Jahren sollen sich dann erste Einzeller in den Weltmeeren getummelt haben. Die Frage ist bloß: Wie sind sie entstanden? Wie konnte sich aus toter Materie etwas Lebendiges entwickeln? Der berühmt-berüchtigte Dr. Frankenstein sah sich in Mary Shelleys Kultroman im Grunde genau mit dieser Frage konfrontiert. Er hatte sich zwar „nur" vorgenommen, einen bereits vorhandenen Körper zu beleben, aber selbst diese Aufgabe konnte er nicht optimal lösen.

Im riesigen Labor der Natur muss jedoch etwas viel Gewaltigeres geschehen sein: Anorganische Substanzen, also unbelebte Stoffe, fanden sich zu immer komplexeren Verbindungen zusammen, bildeten Zuckermoleküle und Aminosäuren – ein ganzes Sortiment, das die Forscher heute liebevoll „Bausteine des Lebens" nennen. Diese Bausteine wiederum müssen sich zu noch größeren und komplizierteren Einheiten verbunden haben. Zum Beispiel bildeten sie verschiedene Eiweiße und schließlich sogar das Wundermolekül DNS. Hinter den drei Buchstaben verbirgt sich das unaussprechliche Wort Desoxyribonukleinsäure (oft auch DNA für englisch „acid" am Ende). Auf diesem Supermolekül wird der genetische Code eines jeden Lebewesens gespeichert. Es ist der Bauplan, ohne den es auf unserer Erde nicht so bunt und vielfältig zugehen könnte, wie es uns heute vertraut ist.

Dass alle diese chemischen Vorgänge stattgefunden haben müssen, kann man heute leicht am Ergebnis erkennen. Denn die Welt wimmelt nur so von verschiedenartigsten Lebewesen zu Lande, im Wasser und in der Luft. Sie alle haben – vom kleinsten Einzeller bis zum Blauwal – letztlich einen gemeinsamen Ursprung. Wo und wie genau das Leben auf der Erde entstanden ist, darüber streiten die Gelehrten allerdings noch immer.

Die DNS – Baustein des Lebens

Zum ersten Mal schien im Jahr 1953 ein entscheidender Durchbruch gelungen. Ein 23-jähriger Student der Universität Chicago hatte die Sache ganz praktisch in die Hand genommen und in einem Reagenzglas ein Modell der Urerde hergestellt. In seinem Experiment erzeugte Stanley L. Miller ein winziges Abbild der Erdoberfläche vor vier Millionen Jahren, wie man sie sich aufgrund von geologischen Funden vorstellte.

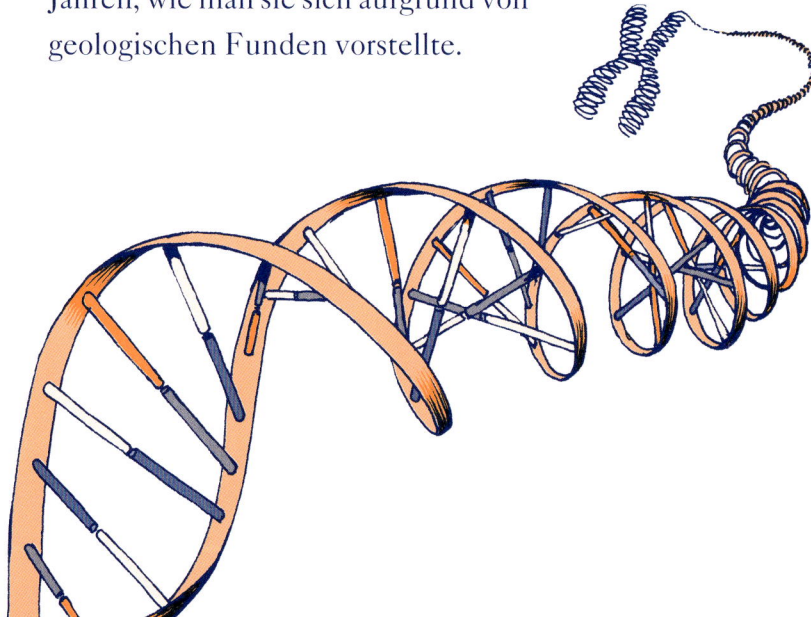

Millers Experiment war erstaunlich einfach: Etwas Wasser stellte den Urozean dar, einige Liter Methan, Ammoniak und Wasserdampf die Atmosphäre der frühen Erde und mit einer Heizschlange, die die Lavaströme verkörpern sollte, brachte der junge Forscher sein Urmeer zum Kochen. Funken luden als Miniaturblitze die Atmosphäre mit elektrischer Energie auf und fertig war das Erdmodell.

Tatsächlich bildeten sich auf der künstlichen Erde schon nach wenigen Tagen Aminosäuren, wichtige Bausteine des Lebens. In späteren Versuchen gelang es sogar, die Aminosäuren dazu zu bringen, sich zu Eiweißen zusammenzuschließen. Damit war jedoch die Erfolgsgeschichte des Experiments auch schon wieder zu Ende.

Die aus diesem Experiment abgeleitete Erklärung für die Entstehung des Lebens wurde als „Ursuppentheorie" weltberühmt.

Aufgrund der Versuche nahmen viele Forscher an, dass sich die Lebensbausteine im Urozean treibend mehr oder weniger zufällig zusammengefunden hätten. Doch diese einst hochgelobte Theorie geriet später immer mehr in die Kritik. Vor allem die Annahme, dass sich die Bausteine des Lebens irgendwo zufällig in den Weiten des Urozeans gebildet hätten, stieß auf große Ablehnung. Einige Kritiker hielten es für zu unwahrscheinlich, dass an verschiedenen Orten des Urozeans zu einem bestimmten Zeitpunkt organische Bauteile entstanden seien. Dass diese Partikel sich in den unendlichen Wasserwelten dann auch noch zufällig getroffen und zu etwas noch Komplizierterem zusammengetan hätten, erschien vielen Forschern sogar als völlig abwegig. Hämisch verglichen sie die Moleküle mit vereinsamten Nudeln in einer unendlich dünnen Ursuppe.

Wissen

Das Rätsel ist noch nicht gelöst

Seither gibt es immer wieder neue Theorien zur Entstehung des Lebens. Einige Forscher glauben, die ersten Mikroorganismen seien gar nicht auf der Erde entstanden, sondern per Anhalter durch die Galaxis gereist. 1969 hatte man auf den Trümmern eines Meteoriten, der über der Kleinstadt Murchison in Australien niedergegangen war, Aminosäuren gefunden und 1984 hatte die NASA im Eis der Antarktis in den sogenannten Allan Hills sogar einen Meteoriten geborgen, der ganze Einzeller ent-

Vielleicht Mikroben vom Mars?

halten soll. 1996 wurde er als Marsbruchstück identifiziert und die NASA stellte den Gesteinsbrocken aus der Kälte als sensationellen Nachweis für Leben auf unserem Nachbarplaneten vor.

Die Beweiskraft der Fundstücke wird noch immer heiß diskutiert. Und auch die These, das Leben sei aus dem All zur Erde gekommen, bleibt stark umstritten. Letztlich hätte die Alltheorie ja auch nicht das Entstehen des Lebens erklärt, sondern die Problematik nur auf einen fremden Planeten verschoben.

Moderne Forscher suchen auf der Erde weiter nach einem geeigneten Ort, der dem Leben einen optimalen Start hätte ermöglichen können. „Labor des Lebens" haben sie ihn getauft und bereits einige Kriterien erarbeitet, die er erfüllten sollte.

Will man Leben erschaffen, so glauben die Wissenschaftler, benötigt man auf jeden Fall eine Art Gefäß, eine natürliche Petrischale, in der sich die Bausteine des Lebens ansammeln und vermischen können. Das Gefäß soll eine Zufuhr haben, sodass immer neue Materialien hinzukommen können. Gleichzeitig dürfen komplexere Teilchen nicht so leicht entweichen können, damit einmal gebildete Strukturen nicht wieder verloren gehen. Schließlich fehlt noch ein Motor, der die Reaktionen in Gang setzt und am Laufen hält.

Trotz dieser scheinbar einschränkenden Bedingungen wurde eine ganze Reihe von Theorien erdacht, die die Entstehung des Lebens auf unterschiedlichste Weise erklären.

Einige Forscher sehen im Mond den Schöpfer des Lebens. Vor vier Milliarden Jahren stand er der Erde näher als heute und soll durch seine Anziehungskraft gewaltige Fluten heraufbeschworen haben. Er hob die Gezeiten zehn Meter über den heutigen Stand. Die Gezeitentümpel, die dabei entstanden, könnten die Bausteine des Lebens aufgenommen und bei Ebbe hoch konzentriert haben. In dieser im Vergleich zum Urozean sehr „dicken Suppe" hätten die Bausteine des Lebens mit größerer Wahrscheinlichkeit zusammenfinden und sich verbinden können.

Auf eine ganz andere Idee kam der Physiker Hauke Trinks während einer Kajaktour rund um Spitzbergen. Im Meereis wimmelt es nur so von Lebewesen. Konnte das Leben selbst hier entstanden sein?

Im Eis gibt es Mikrostrukturen, die entfernt an Zellen erinnern. Verschieden geladene Teilchen mit unterschiedlichen pH-Werten liegen säuberlich voneinander getrennt in solchen Minireaktionskämmerchen. Die chemischen Energieunterschiede sind sehr groß, und welche Stoffe auch immer in einem solchen Kämmerchen aufeinandertreffen, sie hätten gute Chancen, miteinander zu reagieren und stabile Moleküle zu bilden.

Damit wäre die Entstehung komplexer Moleküle wie zum Beispiel von Eiweißen und Aminosäuren möglich gewesen. Die Kälte des Eises hätte zudem verhindert, dass die großen Verbindungen direkt wieder zerfallen wären.

2007 verbrachte Trinks ein ganzes Jahr auf einer winzigen Insel im Eis, um seine Überlegungen zu überprüfen. Mittlerweile haben Analysen ergeben, dass sich im Eis ohne Zutun anderer Stoffe spontan Hunderte von Lebensbausteinen zu langen Strängen verketten. Für Trinks ist dieses Ergebnis ein wichtiger Beleg für seine Theorie. Allgemein durchgesetzt hat sich Trinks Erklärung vom „Ursprung im Eis" aber nicht.

Der Chemiker Günter Wächtershäuser hat es lieber wärmer. Er zieht als Träger für das Leben keine Eiskristalle in Betracht, sondern Pyrit. Dieser Stoff hat als sogenanntes Katzen- oder Narrengold schon viele seiner Finder zu Unrecht in Goldrausch versetzt. Als Trägerstoff für das Leben hält Wächtershäuser das Mineral jedoch keineswegs für eine Narretei. Seiner Vorstellung nach könnten sich die Bausteine des Lebens als eine Art Film auf dem Pyrit abgelagert und strukturiert haben.

Tatsächlich fand die Idee vom „Biofilm" viel Anklang in der Fachwelt. Das lag schon allein deshalb nahe, weil die allermeisten Mikroorganismen auch heutzutage dicht gepackt in sogenannten „Mikrobenmatten" oder „Biofilmen" vorkommen und nicht etwa frei in Gewässern umherschwimmen. Die besten Chancen für seine Pyrit-Labore des Lebens

sieht Wächtershäuser in der Tiefsee in der Umgebung von so genannten **Schwarzen Rauchern,** die als Energiequelle gedient haben könnten.

Rund um Vulkane und in heißen Quellen hatte man schon vor längerer Zeit einfachste Mikroorganismen gefunden, die große Ähnlichkeit mit den ersten Einzellern haben. Und weil sie so ursprünglich und einfach waren, gab man ihnen den Namen Archaebakterien.

Da sich Einzeller durch Teilung vermehren, also immer wieder identische Kopien von sich herstellen, können nur Mutationen für Veränderung sorgen – und das dauert! Wenn man so will, haben diese einfachen Einzeller also schon lange das erreicht, wovon Twilight-Fans nur träumen können: Unsterblichkeit.

Trotzdem waren die Wissenschaftler weltweit nicht besonders beeindruckt von den Archaebakterien. Richtig in Schwung kam die Forschung erst, als Geologen 1977 nordöstlich der Galapagosinseln Archaebakterien in 2.600 Metern Tiefe fanden. Das heute legendäre Tauchboot Alvin hatte damals eine unterseeische Vulkanlandschaft entdeckt, die niemand je für möglich gehalten hätte: Gigantische Röhrenwürmer tummelten sich in völliger Dunkelheit, Riesenmuscheln von bis zu 30 Zentimetern Größe und ganze Bündel von Miesmuscheln drängten sich um die Unterwasservulkane. Sogar Garnelen, Krabben und Fische gab es in dieser fremdartigen Welt.

Die Forscher waren vor allem deshalb so erstaunt, weil sich bis dahin niemand ernsthaft hatte vorstellen können, dass eine so vielfältige Lebensgemeinschaft ohne Sonnenlicht auskommen konnte. Archaebakterien waren zuvor nur aus heißen Quellen bekannt gewesen. Man wusste zwar bereits seit Langem, dass sie chemische Substanzen mithilfe von Wärme verarbeiteten. Aber in den oberirdischen Quellen bleiben sie stets unter sich, weil offenbar nichts und niemand ihre heißen und giftigen Lebensräume teilen kann.

Auf dem Meeresgrund sieht die Sache ganz anders aus. Auch hier breitet sich Lava aus und erkaltet. Aus hohen, dünnen Kaminen steigen schwarze Rauchschwaden mit großen Mengen Schwefelwasserstoff auf. Und genau in diesem giftigen dunklen Qualm, wimmelt es von Archaebakterien, die die Nahrungsgrundlage für alle anderen Bewohner hier unten sind. Dass es rund um die heißen Tiefseequellen noch heute so viele der urigen Einzeller gibt, werteten die Forscher als wichtigen Hinweis, dass das Leben dort unten auch entstanden sein könnte. Ob allerdings ausgerechnet die superheißen Schwarzen Raucher als Energiequellen bei der Entstehung des Lebens eine Rolle spielten, ist fraglich. Colin Devey und seine Kollegen vom Leibniz-Institut für Meereswissenschaften an der Universität Kiel, kurz IFM-GEOMAR, rücken den „Black Smokers" mit modernster Technik zu Leibe.

Superheiße Quellen in der Tiefsee

„400, 400 °C haben wir überschritten!", Colin Devey starrt gebannt auf eine unscheinbare Anzeigentafel. Er kann kaum fassen, was die Messgeräte übertragen. „402, 405, 407. Wow! Das ist ein Rekord! So heiß ist Wasser nirgendwo sonst auf der Welt."

Devey und seine Kollegen sitzen mitten auf dem Atlantik dicht gedrängt in dem kleinen Kommandoraum des deutschen Forschungsschiffs Meteor, von dem aus ein sogenanntes ROV (Remotely Operated

Vehicle) gesteuert wird. Das ist ein moderner Tauchroboter, der 3.500 Meter unter den Wissenschaftlern den Meeresboden erkundet.

Das ROV ermöglicht es den Forschern, in Tiefen vorzudringen, die bisher noch kein Mensch je gesehen hat. Colin Devey ist ein Spezialist für sogenannte Schwarze Raucher, also superheiße Quellen in der Tiefsee. Ohne das ROV hätte er nie herausfinden können, wie heiß einige der unterseeischen Schlote tatsächlich sind. 407 °C erreicht das ausströmende Wasser und nimmt dabei einen Zustand an, den man an Land in der Natur nicht findet. Trotz der hohen Temperatur kann das Wasser nicht verdampfen. Der Druck hier unten ist dazu viel zu hoch. Wirklich flüssig ist es aber auch nicht mehr – ein Stoff, gefangen im Übergang zwischen zwei Aggregatzuständen.

Ist das superheiße Wasser nur ein interessantes physikalisches Phänomen oder spielte es womöglich eine Rolle bei der Entstehung des Lebens? Wissenschaftler suchen mit größtem Einsatz und den verschiedensten Methoden nach den Ursprüngen unserer Existenz. Und die meisten Spuren führen in die lichtlosen Tiefen der Ozeane. Noch können Forscher nur Vermutungen anstellen, wo genau die Wiege des Lebens stand – und das ist auch kein Wunder.

„Wir wissen ganz grob über zehn Prozent des Meeresbodens Bescheid", erläutert Colin Devey. „Aber detaillierte Kenntnisse – also zum Beispiel welche Viecher dort leben, welche Temperatur das austretende Wasser hat, ob es Vulkane gibt oder nicht – besitzen wir nur von etwa einem Prozent."

Die Erforschung des Meeresbodens könnte also noch einige Überraschungen bereithalten. Neben den superheißen

Schwarzen Rauchern vermuteten einige Wissenschaftler schon früh auch wohltemperierte Quellen auf dem Ozeanboden, die viel wahrscheinlicher Leben hervorgebracht und erhalten haben könnten als die Black Smokers.

Vor einiger Zeit hat man tatsächlich solche warmen Quellen gefunden, die sogenannten „Weißen Raucher". Momentan spricht am meisten dafür, dass sich hier die ersten Organismen entwickelt haben. Allerdings wird die Suche weitergehen. Vielleicht findet sich ja irgendwo ein Hinweis, der das große Rätsel endgültig lösen hilft. Noch immer wissen die Forscher viel zu wenig vom Meeresboden und von seinen Bewohnern. 90 Prozent sind unerforscht und vielleicht verbergen sich noch ungewöhnliche Lebensräume in den dunklen Tiefen. Die Wissenschaftler haben noch einiges vor sich, wenn sie die gesamte Fläche unter die Lupe nehmen wollen.

Langeweile in den Weltmeeren

Nach der Entstehung der ersten Einzeller herrschte erst einmal Ruhe im Ozean. Glaubt man einigen Autoren, dann hatten die Mikroben zunächst einmal Milliarden Jahre nichts weiter im Sinn, als sich in den Weiten des Ozeans auszubreiten. Obwohl diese Eroberung des Planeten durch die Einzeller an sich schon eine bemerkenswerte Leistung ist, gönnen ihnen die Bücher über die Entstehung des Lebens meist nur zwei Sätze mit dem Hinweis, dass sie sich friedlich teilten und ansonsten ein unglaublich langweiliges Leben führten.

Tatsache ist, dass wir einfach ziemlich wenig über diese Zeit wissen. Einige moderne Einzeller können sich unter optimalen Bedingungen im Halbstundentakt teilen, andere brauchen etwas länger. Nach 24 Stunden hätte so ein Winzling 108 Nachkommen durch Teilung erzeugt. Das wäre zwar nur ein winziger Klecks, den man als Mensch auf einer Petrischale im Labor geradeso eben mit dem bloßen Auge erkennen würde, aber in zwei Milliarden Jahren kommt auf diese Weise schon eine hübsche Menge Bakterien zusammen. Und all diese Bakterien brauchen für ihr Wachstum und die Teilung immer mehr Nährstoffe und Energie. Im offenen Meer sind solche Ressourcen nicht zu finden, bis heute ist das Freiwasser bei Lebewesen vergleichsweise unbeliebt.

Wissen

Obwohl die offenen Wasserflächen rund 70 Prozent der Flächen aller Weltmeere ausmachen, gedeiht in ihnen bis heute nur ein Prozent aller Meeresorganismen.

Die klaren Fluten sind also eher so etwas wie die „Wüsten" der Wasserwelt. Das bedeutet, dass man sich auch zur Zeit der Einzeller mit großer Wahrscheinlichkeit um die Futterkrippen der heißen Quellen am Ozeanboden drängelte, Schwefel und Ähnliches in sich hineinschaufelte und das sterile Freiwasser vermied. Im Umfeld dieser Nahrungsquellen ging es dann sicher auch nicht so friedlich zu, wie Forscher noch vor einigen Jahren dachten. Wo es um Nahrung und Wärmezufuhr ging, verstand auch der Einzeller keinen Spaß und setzte sich gegen Konkurrenten zur Wehr, wo er nur konnte. Bis heute tobt der Krieg der Kleinen unbeachtet weiter.

Vor 3,5 Milliarden Jahren mochten einige Einzeller nicht mehr an den Schwefelquellen Schlange stehen. Damals tauchte eine neue Art von Bakterien auf, die ihren Speiseplan umstellte und den Schwefel auf dem Meeresgrund verschmähte. Die Neuen auf dem Planeten betrieben Fotosynthese, verwandelten also mithilfe von Sonnenlicht energiearmes Kohlenstoffdioxid und Wasser in energiereiche Zuckermoleküle und produzierten dabei jede Menge Sauerstoff als Abfallprodukt. Wie genau es zu diesem Wechsel im Ernährungsplan kam, weiß niemand.

Wissen

Versteinerte Einzeller

Die ältesten Hinweise auf diese Schwefelkostverächter wurden in der Gegend von North Pole im Nordwesten Australiens gefunden. Wo sich heute eine unfreundliche, trockene

Landschaft ausbreitet, sollen sich vor 3,5 Milliarden Jahren einzellige Lebensformen in einem flachen Meer getummelt haben. In den außerordentlich gut erhaltenen Ablagerungen entdeckte man seltsame pilzförmige Gebilde, die winzige versteinerte Einzeller enthielten. Die Wissenschaftler identifizierten die kaum ein Hundertstel kleinen Mikroben als **Cyanobakterien.**

Solche stäbchenförmigen Bakterien kommen auch heute noch an der Westküste des australischen Kontinents vor. Wie vor 3,5 Milliarden Jahren leben sie in dichten Ansammlungen, als sogenannter Bakterienrasen, am Boden seichter Lagunen. Mit den Jahren häufen sie immer mehr Sand und Schwebteilchen auf ihren Siedlungsplatz. So bilden unzählige Bakteriengenerationen hoch aufragende säulen- und pilzartige Sockel. Bis zu 30 Meter recken sich diese Aussichtsplattformen Richtung Wasseroberfläche, denn die Cyanos sind für ihre Fotosynthese auf die Energie der Sonne angewiesen. Je höher ihr Balkon, desto besser die Nahrungsproduktion.

Durch die Bautätigkeit der Mikroben sind in der Vergangenheit gewaltige Riffe entstanden. Heute gibt es jedoch nur noch wenige Orte auf der Welt, wo die Cyanobakterien ungestört ihre Bautätigkeit vorantreiben können. Fast überall wurden sie von Korallen als Riffarchitekten abgelöst, denn die baufreudigen Bakterien mögen es gern kuschelig warm und seicht, während Korallen kühlere Temperaturen bevorzugen. Die Klimaerwärmung, die den Korallen heutzutage schwer zu schaffen macht, könnte den australischen Mikroben neue Lebensräume erschließen und ihnen erneut einen ungeahnten Aufschwung bescheren.

Damit wären die Cyanos schon zum zweiten Mal die großen Gewinner eines Klimawandels. Den ersten haben sie selbst hervorgerufen – ja, ganz richtig! Der Mensch ist nicht das einzige Lebenswesen, das seine Welt komplett umgestaltet.

Wissen

Winzige Weltveränderer

Die Cyanobakterien waren echte Revolutionäre. Ohne sie würde die Welt heute völlig anders aussehen. Es gäbe weder Pflanzen noch Tiere, nicht einmal uns Menschen. Denn die Cyanos waren erstaunliche Umweltverschmutzer, die in großen Mengen ein teuflisches Gas produzierten: Sauerstoff.

Die Fotosynthese machte die Cyanos zu den Überfliegern der Mikrobenwelt. Vor rund 2,7 Milliarden Jahren vermehrten sie sich in so gewaltigem Ausmaß, dass einige Wissenschaftler von der ersten „Bevölkerungsexplosion" der Erdgeschichte sprechen. Es gab so viele von ihnen, dass man noch heute überall auf der Welt ihre Überreste findet. In Pilbara, im

Bakterien mit Dachterrasse - die Cyanos waren große Baumeister.

Westen Australiens, sind diese besonders imposant. Bis zu einer Höhe von 40 Metern schichten sich hier die Überreste der Cyanobakterien übereinander, die einst ein seichtes Binnenmeer bevölkerten.

Eine andere Hinterlassenschaft der Cyanos aus dieser Zeit sind Berge von Rost. Das Meer der Bakterien war damals noch nicht blau. Vielmehr schimmerte es rötlich, weil große Mengen Eisenverbindungen in ihm gelöst waren. Als die Cyanos begannen, in großem Stil Sauerstoff zu produzieren, reagierte das Eisen mit dem Sauerstoff und sank als Rost auf den Meeresgrund. In Pilbara bezeugt eine dicke Schicht rostroter Erde diese unglaublichen Ereignisse.

Wissen

Aus Abfall werden Rohstoffe

Eindrucksvolle Beispiele für das Schaffen der Cyanobakterien finden sich überall auf der Erde: Wo heute Eisenerz, also eisenhaltiges Gestein, abgebaut wird, waren in der Frühzeit der Erde vermutlich Cyanos am Werk. Man könnte also sagen, dass ein Großteil unseres industriellen Reichtums heute seinen Ursprung im Müll früher Einzeller hat.

Als der Sauerstoff, den die Cyanobakterien produzierten, dem Meerwasser alles Eisen entzogen hatte, wurde es so klar, dass es den Himmel reflektieren konnte. Endlich sah es so aus, wie wir es heute kennen: blau an schönen Tagen und grau bei bewölktem Himmel.

Der viele Sauerstoff hatte aber nicht nur Auswirkungen auf das Aussehen der Ozeane: Alle Lebensformen im Wasser mussten sich mit dem neuen „Umweltgift" auseinandersetzen. Einige starben aus, andere tauchten ab, um dem Gift auszuweichen, und schließlich gab es auch ein paar, die Gefallen an dem neuen Gas fanden. Wissenschaftler glauben heute, dass erst der Sauerstoff die Bakterienwelt so richtig in Schwung brachte. Verbrennung mit Sauerstoff stellt rund 20-mal so viel Energie zur Verfügung wie die Energiegewinnung ohne Sauerstoff. Wer so viel Energie hat, muss nicht mehr träge im Ozean treiben, sondern kann sie zum Beispiel zur Fortbewegung verwenden.

Spätestens jetzt muss der viel zitierte Kampf ums Überleben angefangen haben. Ein Bakterium war jetzt nicht mehr nur von Meteoriten, Meeresbeben und neuen Giften bedroht, sondern auch noch von seltsam veränderten Nachbarn, die an ihm knabbern wollten.

Offenbar waren es aber nicht immer die energiereichen Sauerstoffesser, die andere Bakterien angriffen, wie man annehmen könnte. Einige Forscher glauben vielmehr, dass größere Einzeller, die mit dem Sauerstoff ganz und gar nicht klarkamen, sich die neuen Eigenschaften anderer zunutze machten, indem sie sich nicht nur deren „Wissen", sondern gleich die ganzen Bakterienkollegen einverleibten.

Manchmal wurden die verschlungenen nicht einfach verdaut, sondern lebten in den Verschlingern weiter. In einigen Fällen könnten sich sogar dauerhafte und produktive Symbiosen entwickelt haben. Und schließlich wurde aus dem kleineren Partner ein Teil des größeren. Beweise für diese Theorie glauben die Wissenschaftler in modernen Mehrzellern gefunden zu haben.

Zum Beispiel haben sogenannte Chloroplasten große Ähnlichkeit mit den einzelligen Cyanobakterien. Anders als die Cyanos scheinen die Vorfahren der Chloroplasten aber ihre Selbstständigkeit aufgegeben zu haben. Denn heute findet man sie in den Zellen moderner Pflanzen, wo sie mithilfe von Fotosynthese Energie produzieren.

Wissen

Uralte Partner: Einzeller in uns

Ein Zellorgan mit dem unaussprechlichen Namen Mitochondrium soll aus einem solchen „aufgefressenen" Einzeller hervorgegangen sein. Noch heute sind Mitochondrien für die Energieversorgung in jeder Körperzelle zuständig. Gleichzeitig weisen sie aber einige Eigenschaften eines eigenständigen Einzellers auf, zum Beispiel Erbmaterial, das ganz unabhängig von den Genen im Kern der Zelle bleibt.

Darf's eine Zelle mehr sein?

Wie genau sich aus den winzigen Urbakterien im Laufe der Jahrmillionen schließlich Mehrzeller entwickeln konnten, darüber kann nur spekuliert werden. Einig sind sich die Forscher heute jedoch, dass die Antwort auf diese Frage wiederum in den Weltmeeren zu suchen ist. Erstaunliches brachte beispielsweise das internationale Forschungsprojekt „Census of Marine Life" zutage. Von 2000 bis 2010 machten sich über 2.000 Wissenschaftler aus über 80 Ländern mit Schiffen, U-Booten oder auf Miniscootern überall auf der Welt auf den Weg, um endlich mehr über die Ozeane zu erfahren. Vor allem wollten die Wissenschaftler herausfinden, welche Wesen in den Ozeanen leben und wie viele von jeder Art.

Aus dem Weltall erkundete man die Meere mit Satelliten oder man sandte Tauchroboter in die Tiefsee, sogar unter dem Eis der polaren Gewässer zählten die Forscher fleißig jeden Meeresbewohner.

Trotz aller Erfolge haben die Meeresbiologen bislang erst einen Bruchteil der Ozeane untersuchen können, aber schon jetzt liegen Ergebnisse vor, die niemand für möglich gehalten hätte. Eine dieser Entdeckungen ist ein Rieseneinzeller, der mit seinen Spuren auf dem Meeresgrund die Forscher ins Grübeln brachte. Bisher hatten Wissenschaftler nämlich geglaubt, dass nur Mehrzeller furchenartige, symmetrische Spuren am Meeresboden hinterlassen könnten. Als fossile Furchenspuren in 542 Millionen Jahre alten Ablagerungen gefunden wurden, galten diese Spuren als zuverlässiger Beweis für die Existenz von Vielzellern. Der kürzlich entdeckte Einzeller **Gromia** schert sich jedoch gar nicht um die Erwartungshaltung der Wissenschaftler und hinterlässt aller Theorie zum Trotz Spuren, die bislang für Mehrzeller reserviert waren. Damit ist klar:
Es darf neu darüber nachgedacht werden, wann sich die vielzelligen Lebewesen tatsächlich entwickelt haben.

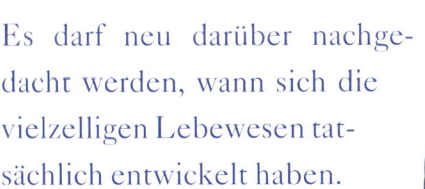

Die Furchenspuren könnten jedenfalls auch von einzelligen Spaziergängern stammen. Auch welche Ereignisse letztlich zu dem wichtigen Evolutionsschritt führten, bleibt ein Rätsel. Sicher scheint nur: Auch die Mehrzeller haben ihren Ursprung in den Ozeanen.

Die gefährlichsten Jäger aller Zeiten

Der Weiße Hai

Fragt man in einem Quiz nach dem gefährlichsten Jäger aller Zeiten, fällt den meisten spontan der Weiße Hai ein. Nicht erst seit dem gleichnamigen Kinoschocker von Steven Spielberg gilt er als alles verschlingendes, bösartiges Monstrum und blutrünstiger Menschenfresser. Schon im Mittelalter erzählte man sich von Haien, die Menschen verschluckten. Allerdings unterschied man damals nicht so genau zwischen den größeren Meeresbewohnern und so nahm sich der ein oder andere Künstler den großen Weißen sogar als Vorbild für seine Darstellung von **Jonas und dem Wal.**

Vielleicht kannte der Maler Haie aus dem Atlantik und traute den Biologiekenntnissen der Bibelautoren nicht so ganz über den Weg. Offensichtlich glaubte er jedenfalls eher, dass ein Hai einen Menschen verschlucken würde als der Wal aus der Geschichte. Im Mittelmeer gab es Weiße Haie und selbst heute werden hin und wieder Exemplare gesichtet. Wieso trauen wir uns dann überhaupt ins Wasser? Ist der Weißhai vielleicht doch weniger gefährlich als sein Ruf? Wie und was jagt er überhaupt? Und: Gehört er tatsächlich zu den erfolgreichsten Jägern der Meere, wenn man ihn mit seinen Konkurrenten aus der Vergangenheit vergleicht?

Die Wahrheit ist, dass wir erstaunlich wenig über einen der größten Meeresräuber der Gegenwart wissen. Im Gegensatz zu den vielen Zeitungsartikeln, die vor allem über Haiangriffe und deren schreckliche Folgen berichten, ist der Anteil an Faktenwissen mehr als dürftig. Allem voran die Tatsache, dass die meisten Haiattacken gar nicht auf das Konto des Weißhais gehen. Die Statistik der Unfälle mit Haien führt ganz klar der Bullenhai an, gefolgt vom Tigerhai. Der Weiße Hai folgt zusammen mit dem Blauhai erst auf Platz drei. Ganz selten wurden auch Bisse von Mako- und Hammerhaien registriert.

Eine amerikanische Studie hat die Gefahren durch Haie untersucht und kommt zu einem bemerkenswerten Ergebnis. Bei 40 Milliarden Schwimmern pro Jahr weltweit verzeichnet sie 50 bis 75 Haiangriffe, von denen wiederum zehn tödlich enden – so wenige, dass es rund 30-mal wahrschein-

licher ist, vom Blitz getroffen zu werden als im Magen eines
Hais zu landen. Trotzdem findet der Hai in Menschenkrei-
sen wenige Freunde, selbst Wissenschaftler wenden sich erst
nach und nach dem großen Weißen als Forschungsobjekt zu.
Erstaunlich, denn der Weißhai ist offenbar immer wieder für
eine Überraschung gut.

Salto à la Shark

1993 veröffentlichte die National Geographic Society nie ge-
sehene Bilder von **springenden Weißen Haien.** Bis dahin
kannte zwar jeder Delfine, die sich scheinbar aus reiner Le-
bensfreude aus dem Wasser katapultieren, aber von springenden Weißen Haien, die bis zu dreieinhalb Tonnen wiegen
können, hatte man bis dahin noch nie etwas gehört. Dem be-

rühmten Fotografen David Doubilet war es gelungen, diese erstaunliche Verhaltensweise als einer der ersten zu fotografieren. Nirgends sonst auf der Welt, nur vor der Küste Südafrikas, springen die weißen Riesen bis heute – allerdings ganz und gar nicht zum Spaß. Vielmehr haben die Weißhaie Südafrikas das Springen als völlig neue Jagdmethode entwickelt.

Die Forscher wissen noch nichts Genaues, vermuten aber, dass der Hai mit seinen Sprüngen auf ein verändertes Verhalten der Robben reagiert hat. Vielleicht manövrierten die wendigen Robben von Seal Island, die Hauptbeute der weißen Jäger, ihre Verfolger immer häufiger auf den letzten Metern in Richtung Strand aus. Mit der Zeit passte sich der große Weiße an und erbeutete Robben schließlich mit gezielten Sprüngen.

Eine andere Theorie besagt, dass in der Vergangenheit Robbenmangel geherrscht haben könnte und die Weißhaie sich deshalb mit Seevögeln begnügen mussten. Um diese schnappen zu können, hätten sich die Haie aus dem Wasser katapultieren müssen. Die Technik, die sich bei den Vögeln bewährt hatte, könnten die Giganten schließlich auf den Robbenfang übertragen haben. In jedem Fall steht fest, dass der Weiße Hai in seinem Verhalten sehr viel flexibler ist, als man es ihm lange Zeit zugetraut hat.

Erstaunt waren die Forscher vor allem, dass sich der gewaltige Kraftaufwand für den Koloss lohnt. Ein Raubtier muss seiner Beute mindestens so viel Energie entnehmen, wie es auf den Fang verwendet.

Zunächst schien die Kosten-Nutzen-Rechnung für den Weißen Hai nicht so gut auszusehen. Mittlerweile belegen Beobachtungen jedoch, dass der große Weiße im Schnitt bei jedem zweiten Versuch seine Beute mit in die Tiefe reißt. Zum Vergleich: Einem Geparden gelingt es nur bei jedem zehnten Angriff, eine Antilope zu schlagen. In Sachen Erfolgsquote schneidet der Weiße Hai also hervorragend ab. Dann darf eine einzelne Attacke schon mal etwas mehr Energie kosten.

Globetrotter mit spitzen Zähnen: Zu Gast im White Shark Café

Seitdem sich Forscher weltweit mit dem großen Weißen beschäftigen, bringen sie immer neue erstaunliche Erkenntnisse ans Licht. Dabei setzen sie modernste Technik ein, um mit dem Superjäger der Meere überhaupt Schritt halten zu können. Thermosatellitenbilder und Peilsender beispielsweise helfen heute, die Wege der **Weißen Haie** zu verfolgen. Hatte man früher noch geglaubt, es gäbe südafrikanische, australische oder sonstige ortgebundene Weißhaie, wurden die Forscher vor Kurzem eines Besseren belehrt. Die großen Weißen legen gewaltige Strecken zurück und sind in allen Weltmeeren unterwegs.

Eine Haifrau überraschte die Wissenschaftler in besonderem Maße: „Nicole" – nach Nicole Kidman benannt – schwamm in nur neun Monaten von Südafrika nach Australien und wieder zurück. Dabei legte sie mehr als 20.000

Kilometer zurück. Die nächste Überraschung erlebten die Meeresbiologen, nachdem sie eine größere Anzahl von Haien mit Peilsendern ausgestattet und die Daten der Wanderungen über spezielle Satelliten ausgewertet hatten.

Die Riesen dümpeln keineswegs planlos durch die Ozeane, sondern folgen bestimmten Routen, die offenbar von Strömungen und vom Nahrungsangebot vorgegeben sind.

Wissen

Die Wegenetze der Haie werden so intensiv genutzt, dass die Forscher sogar von „Haiautobahnen" sprechen.

Mittlerweile hat man entlang einer dieser Haiautobahnen sogar eine Art „Raststätte" entdeckt. Dort, mitten im Pazifischen Ozean, strömen laut Senderdaten Mengen von Haien zusammen. Die Wissenschaftler nennen dieses Zentrum liebevoll „The White Shark Café". Was genau der Zweck der Haiversammlungen ist, weiß jedoch immer noch niemand. Vielleicht chillen die großen Weißen nur ein wenig zwischen den langen, anstrengenden Reisen, vielleicht geht es bei den Treffen aber auch um Partnersuche oder die Geburt der Jungtiere. Was immer es ist, es setzt bei Haien etwas voraus, das niemand bei ihnen vermutet hätte: Sozialverhalten.

Wissen

In guter Gesellschaft

Die Bewegungsmuster der Tiere zeigen: Haie fressen sogar gemeinsam. Das heißt, es gibt bestimmte Verhaltensweisen, die das Miteinander regeln. Vielleicht gibt es sogar Hierarchien - gewissermaßen eine „Hai-Society".

Ganz offensichtlich sind Weißhaie nicht die seelenlosen Fressmaschinen, die man lange in ihnen gesehen hat. Und noch etwas gibt den Forschern zu denken: Wenn die Haie tatsächlich ständig auf dem Globus unterwegs sind, könnte es sein, dass ihr Bestand noch geringer ist als bisher angenommen. Ob Weiße Haie von Biologen auf verschiedenen Kontinenten womöglich mehrfach gezählt wurden, versuchen die Wissenschaftler, heute mit einem einfachen Verfahren zu klären. Die Rückenflosse jedes Weißen Hais ist einzigartig wie ein menschlicher Fingerabdruck. Deshalb fotografieren

Forscher nun weltweit diese Flossen, um so die Identität der Weißhaie zu bestimmen. Ist ein Hai „erkennungsdienstlich" erfasst, werden seine Daten auch anderen Meeresbiologen zur Verfügung gestellt. Wie Interpol bei der Verbrecherjagd, gelingt es den Wissenschaftlern so festzustellen, wo die großen Weißen dieser Welt zu finden sind. Und ob andere Forscher schon Erkenntnisse über bestimmte Tiere haben, die man austauschen kann.

Erfolgsmodell Hai oder aussterbende Art?

Haie gibt es schon seit 400 Millionen Jahre. Ihr Design veränderte sich zwar immer wieder im Detail, blieb aber im Großen und Ganzen gleich. Sie überlebten die Dinosaurier, Meteoriteneinschläge, Klimakatastrophen und Vulkanausbrüche. Heute besiedeln sie in mehr als 500 Arten alle Lebensräume im Meer von den seichten Küstenzonen bis hin zur Tiefsee. Der kleinste unter ihnen misst nur 16 bis 20 Zentimeter, während es der gigantische Walhai auf stolze 14 Meter bringt, bei rund zwölf Tonnen Gewicht. Allerdings verspeist der Riese nur Krill, also winzige Krebstiere, und ist für größere Fische oder auch den Menschen ungefährlich.

Das ungewöhnlichste Aussehen zeigt der Hammerhai, der vor allem durch die Verbreiterung seines Kopfes direkt vor den Kiemen auffällt. Die Funktion dieser seltsamen Kopfform der Hammerhaie ist nicht abschließend geklärt. Einige

Wissenschaftler nehmen an, dass der breite Kopf beim Manövrieren helfen könnte.

Hammerhaie wenden für die Höhensteuerung möglicherweise ein Prinzip an, das heute auch im Flugzeugbau zum Einsatz kommt. Kampfjets, wie zum Beispiel der Eurofighter, besitzen kleine Tragflächen an der Flugzeugnase. Dieses Höhenleitwerk, das in seiner Funktion dem Hammer des Hais entspricht, ermöglicht den Jets extreme Flugmanöver. Genauso soll der Hammerkopf dem Hai besonders in engen Kurven und als zusätzliche Auftriebsfläche nützlich sein.

Andere Forscher glauben, dass der **Hammerhai** vor allem davon profitiert, dass seine Augen weit auseinanderstehen. Damit verfügt er nicht nur über ein größeres Gesichtsfeld, sondern auch über einen Bereich, den beide Augen im Blick haben. Erst dadurch ist es dem Jäger möglich, in Drei-D zu sehen und seine Beute zielgenau zu schnappen.

Raubtier Mensch

Allerdings sind die Bestände vieler Haiarten längst durch Überfischung und Umweltverschmutzung bedroht. Elf Haiarten, darunter auch der große Weiße, stehen auf der Roten Liste der vom Aussterben bedrohten Tierarten. Der Mensch fischt dem Hai nicht nur zunehmend die Nahrung weg und verschmutzt seinen Lebensraum, sondern hat auch mehr und mehr für den Hai selbst Verwendung. In Deutschland kommt Hai beispielsweise nicht nur im Chinarestaurant in Form von Haifischflossensuppe auf den Tisch. Gern schlemmt man auch „Schillerlocken" und „Seeaal" – irreführende Namen! Denn dahinter verbirgt sich in Wahrheit der Dornhai.

Wissen

Hai oder nicht Hai – das ist hier die Frage

Manchmal wird Hai auch als Seestör, Karbonadenfisch, Speckfisch, Königsaal oder Steinlachs verkauft. Haihaut verarbeitet man zu dem sogenannten Boroso-Leder. Viele Taschen, Schuhe, Uhrenarmbänder und Geldbörsen bestehen aus Haihaut, ohne dass der Besitzer dies überhaupt weiß. Darüber hinaus bieten Firmen Wundermittel aus Haiknorpel an. Glaubt man der Werbung, heilt der Hai praktisch alles vom Schnupfen bis zur Krebserkrankung.

Insgesamt sollen jährlich zwischen 70 und 100 Millionen Haie den Netzen und Fangleinen der Fischer zum Opfer fallen. Besonders grausam ist das sogenannte „Finning". Für die Haifischflossensuppe benötigt man nur die Flossen der Tiere. Ein Kilogramm Flossen erzielt auf dem internationalen Markt zwischen 250 und 4.000 US-Dollar. Das bedeutet für die Fischer, dass es sich überhaupt nicht lohnt, den ganzen Hai mitzunehmen. Den Tieren werden noch an Bord die Flossen entfernt. Die Körper wirft man ins Meer, oft sogar noch lebendig. Rund 8.000 Tonnen Haiflossen landen jedes Jahr im Kochtopf. Das sind geschätzte 100 Millionen Haie, die dafür ihr Leben lassen müssen.

Der größte marine Jäger der Gegenwart wurde zum Gejagten. Schon lange muss er viel mehr Angst vor uns haben als wir vor ihm.

Der Urgroßonkel des großen Weißen

Wollte man allerdings den gefährlichsten Hai aller Zeiten küren, müsste man in der Vergangenheit suchen. Vor 25 Millionen Jahren zog **Megalodon** seine Kreise in den Ozeanen. Megalodon gilt als der größte Hai aller Zeiten. Er soll über 15 Meter lang gewesen sein, also mehr als doppelt so lang wie der Weiße Hai, mit dolchartigen Zähnen von 15 Zentimetern Länge. Ganz genau kann man die Größe ausgestorbener Haie allerdings nicht bestimmen.

Haie machen es den Forschern nicht eben leicht. Weil sie keine Knochen, sondern nur Knorpel haben, bleibt höchstens ein Zahn von ihnen übrig – oder, wenn es gut läuft, ein komplettes Gebiss. Wir können also nicht mit letzter Sicherheit wissen, ob die Evolution nicht vielleicht ein richtiges „Großmaul" mit kleinem Körper hervorgebracht hat. Das Aussehen der alten Haie bleibt so lange eine reine Annahme, bis eben doch einmal ein komplettes Fossil gefunden wird.

Wegen der schwierigen Fundsituation erleben die Forscher auch immer wieder Überraschungen, wenn sie eingrenzen sollen, in welchem Zeitraum eine Tierart gelebt hat. Bei

Megalodon hatten die Wissenschaftler lange Zeit geglaubt, dass der Riese bereits vor fünf Millionen Jahren ausgestorben sei. Der aktuelle Forschungsstand besagt jedoch, dass der Gigant nicht vor fünf Millionen, sondern erst vor rund 11.000 Jahren ausgestorben ist. Einige Abenteurer versuchen sogar, lebende Exemplare zu finden, die sich bis heute in die Tiefsee zurückgezogen haben könnten.

Ozean der Riesenechsen

Die Geschichte der großen Jäger in den Weltmeeren reicht allerdings noch viel weiter zurück. Schon vor 400 Millionen Jahren jagten die ersten Vertreter der Haifamilie in den Ozeanen. Damit waren sie Zeitgenossen zahlreicher Räuber der Superlative. Die großen Fischsaurier traten vor 245 Millionen Jahren zum ersten Mal als sehr einfache Gestalten in den Ozeanen auf. Sie waren jedoch so erfolgreich, dass sie sich in zahlreichen Arten in den Weltmeeren ausbreiten konnten. Zu den größten unter ihnen gehört ein Wesen, dessen Überreste erst kürzlich auf Spitzbergen entdeckt worden ist: eine 15 Meter lange Riesenechse.

„Monster", taufen die norwegischen Experten das gewaltige Fossil, dessen vier Flossen allein jeweils drei Meter lang gewesen sind. „So ein großer Pliosaurier wäre in der

Lage gewesen, einen Kleinwagen ins Maul zu nehmen und durchzubeißen", berichtet der Paläontologe Richard Forrest.

Vor 90 Millionen Jahren war der Siegeszug der Fischsaurier jedoch unerwartet wieder zu Ende und auch diese erfolgreiche Tiergruppe starb aus.

Das Zeitalter der Fische

Und noch ein Stück weiter in der Vergangenheit, im Erdzeitalter Devon, herrschten die ersten Fische über die Weltmeere. Zwischen 410 und 390 Millionen Jahren vor unserer Zeit setzte sich nämlich erstmals eine Besonderheit der Evolution durch, die uns heute so vertraut ist, dass wir gar nicht darüber nachdenken, dass die Wesen vorher und viele Arten auch heute ohne sie auskommen müssen: der Kiefer.

Ohne diese revolutionäre Entwicklung im Devon müssten auch wir Landbewohner unsere Nahrung saugen, lutschen oder mit Raspelzungen zerkleinern. Viele Fischarten, die noch heute die Meere bevölkern, sind damals entstanden und einige mehr, die längst wieder ausgestorben sind. Mit ihren brandneuen Kiefern waren Fische zu dieser Zeit die Topjäger in den Ozeanen und brachten gigantische Arten hervor, allen voran die Panzerfische.

Der gewaltigste unter ihnen war der schreckliche Dunkleosteus. Mit bis zu zehn Metern war er das größte Lebewesen seiner Zeit. Kräftige Schläge mit seinem muskulösen Schwanz katapultierten ihn bei einem Angriff nach vorn. Seine furchtbaren Kiefer waren voll beweglich, packten die überrumpelte Beute und zermalmten sie. Selbst die frühen Haie waren vor seinen Nachstellungen nicht sicher. Für Dunkleosteus hatten sie genau die richtige Größe eines leckeren Snacks. Er und seine Panzerfisch-Verwandten waren ungeheuer erfolgreich und bevölkerten in vielen Arten die damaligen Weltmeere. Eine Tiergruppe könnte allerdings selbst Dunkleosteus schwer im Magen gelegen haben. Schon vor dem Zeitalter der Fische machten sie die Ozeane unsicher und sind bis heute erstaunliche Jäger.

Mit vielen Armen klar im Vorteil – die Kopffüßer

Das Monster von Monterey

Mit einem mulmigen Gefühl im Magen trafen sich die Wissenschaftler und Tierpfleger des berühmten Meeresaquariums in Monterey. Wie jeden Morgen seit Wochen zählten sie gemeinsam den Haibestand in ihrem gewaltigen Schauaquarium. Haie in den verschiedensten Größen und Formen sollten in dem 4,5-Millionen-Liter-Tank ihre Kreise ziehen und interessierten Zuschauern die bedrohten Arten näherbringen. Doch seit einiger Zeit geschah etwas Unheimliches. Über Nacht waren immer wieder Haie verschwunden. Es gab keine Überreste und keine Kampfspuren an anderen Haien. Die Tiere waren einfach weg ohne einen Hinweis auf ihren Verbleib.

Der Teamleiter runzelte die Stirn. Verdammt, es war wieder passiert. Laut Liste fehlte ein junger Dornhai. Ratlosigkeit breitete sich aus. Einige Wissenschaftler warfen dem größten Haiexemplar, einem weiblichen Weißhai, misstrauische Blicke zu. Aber selbst er hätte den gut einen Meter langen Dornhai nicht einfach in einem Stück verschlucken können. Es hätte ein Rest übrig bleiben müssen. Auch zeigte der Riese alle Anzeichen von Hunger und der hätte nach einem so üppigen Snack eigentlich gestillt sein sollen. So konnte es nicht weitergehen, beschloss der Teamchef und sagte dem mysteriösen Monster den Kampf an.

Das unbekannte Wesen ging immer nur nachts auf Raubzug. Bisher hatte noch kein Pfleger oder jemand aus dem Publikum etwas Ungewöhnliches bemerkt. Nachts Wachen aufzustellen, war keine sinnvolle Lösung. Man wusste ja nicht, wann der Angreifer das nächste Mal zuschlagen würde. Vielleicht würde er auch gar nicht kommen, wenn das Licht angeschaltet blieb. Also beschloss die Direktion des Aquariums, dem Täter mit technischen Hilfsmitteln auf die Spur zu kommen. Rund um das Haibecken wurden Spezialkameras aufgebaut, die jeden noch so abgelegenen Zipfel des Beckens filmten und so auch das Monster von Monterey erwischen mussten.

Einige Tage vergingen, ohne eine weitere Attacke. Dann endlich zeigte eine Aufnahme den Haikiller: Ein riesiger **Oktopus** schoss auf einen gemächlich dahinschwimmenden Hai zu, umklammerte ihn und erdrückte ihn ohne große Hast mit seinen gewaltigen Fangarmen. Der Oktopus war vor mehreren Monaten in das Aquarium gesetzt worden und bald darauf verschwunden. Zunächst hatte man angenommen, einer der Haie habe ihn gefressen, dann vermutete man in ihm das erste Opfer des Monsters. Tatsächlich hatte sich der Oktopus jedoch so geschickt in den Ausbuchtungen der Kunstfelsen verborgen, dass selbst erfahrene Pfleger ihn nicht entdecken konnten. Von seinem Versteck aus war er nachts auf Jagd gegangen und hatte Haie von erstaunlicher Größe erbeutet.

Niemals hätten die Wissenschaftler vermutet, dass der weiche Geselle ein so effektives Raubtier sein könnte. Der Oktopus von Monterey zeigt mehr als deutlich, dass Kopffüßer viel mehr sind als Zutaten einer Pizza „Frutti di Mare".

Mit Düsenantrieb durch
die Weltmeere

Die Geschichte der Kopffüßer reicht weit zurück. Schon vor 500 Millionen Jahren beherrschten sie die Wasserwelten der Erde. Dieses Zeitalter nennt man Silur. Sie sahen damals noch etwas anders aus als ihre Verwandten der Gegenwart und lebten in lang gezogenen, kegelförmigen Gehäusen. Diese hatten ihre Raketenform nicht ohne Grund. Die Kopffüßer damals dümpelten nämlich nicht einfach in den Meeren herum, sondern konnten schon ziemlich flott umherdüsen. Ihre Gehäuse waren eine ausgeklügelte Entwicklung, die sie damals an die Spitze der Nahrungskette torpedierte. Die Gehäuse waren in zahlreiche Kammern unterteilt. In der vordersten saß das Tier selbst, während die hinteren mit Gas und Wasser gefüllt waren. Das Gas verlieh dem Gehäuse Auftrieb.

Zur Fortbewegung saugten sie zunächst Wasser in eine Höhlung auf ihrer Bauchseite, dem sogenannten Mantelraum. Die wichtigste Errungenschaft der Kopffüßer war allerdings der Manteltrichter. Diese muskulöse Struktur diente zum Einsaugen des Wassers und ließ sich in alle Richtungen drehen. Nach vorn gerichtet saugte der Manteltrichter Wasser ein, dann drehte das Tier den Trichter nach hinten, presste das Wasser unter Druck wieder aus der Mantelhöhle hinaus und schoss sich damit selbst nach vorn. Mit ihrem Trichterantrieb konnten sich Kopffüßer in jede Richtung fortbewegen allerdings nur in einer Art dauerndem Stop-and-go-Modus Durch den Wechsel von Saugen und Sprühen konnten sie nicht gleichmäßig schwimmen wie etwa Fische.

Diese energiegeladenen Kopffüßer nennt man **Perlboote** Einige Perlboote wie der Nautilus und der Allonautilus haben sogar bis heute überlebt. Erfolgreicher allerdings waren ihre modernen Verwandten, die heutigen Tintenfische. Diese verzichteten auf das starre Gehäuse, behielten aber die außergewöhnliche Fortbewegungsart bei.

Die ersten Fische waren für diese überlegenen Jäger eine leichte Beute. Erst die späteren kieferbewehrten Panzerfische waren den Kopffüßern offenbar gewachsen. Es ist jedoch nicht einfach, das Kräfteverhältnis wirklich zu beur-

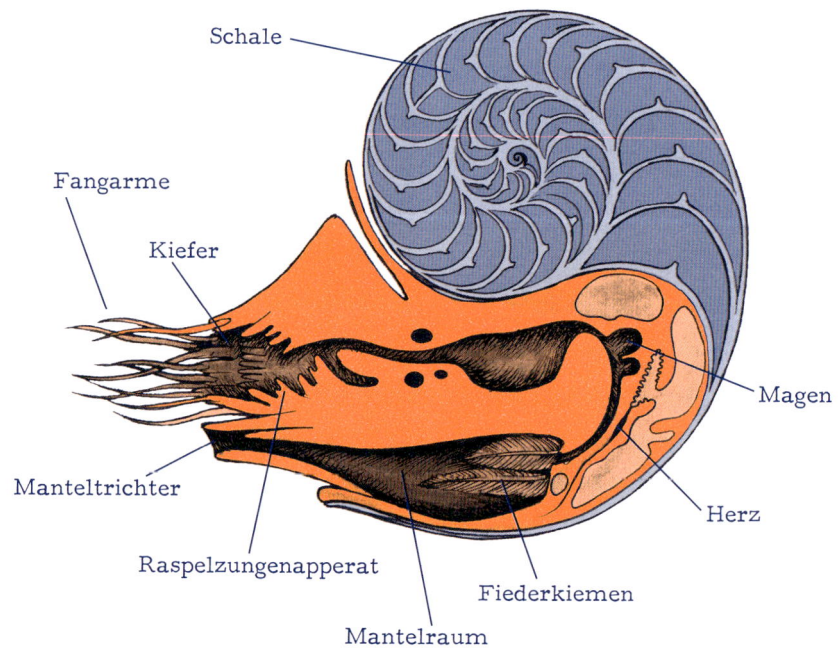

Schale

Fangarme

Kiefer

Manteltrichter

Raspelzungenapperat

Mantelraum

Fiederkiemen

Herz

Magen

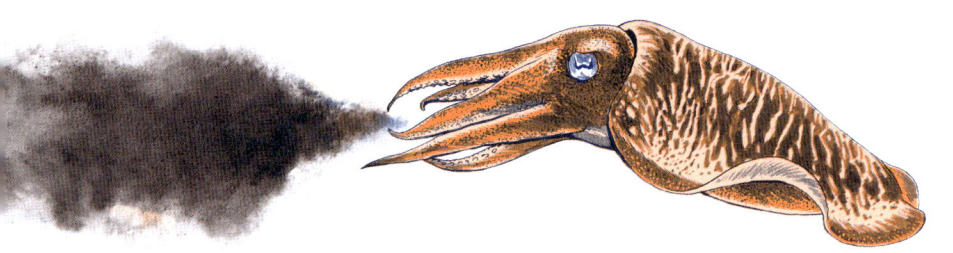

teilen. Über die Perlboote wissen wir vor allem etwas, weil ihre Gehäuse erhalten geblieben sind. Auch die Panzerfische sind hervorragend belegt, weil ihre Panzer die Jahrmillionen überdauert haben. Ob in den Urmeeren sehr viel größere und gefährlichere Tintenfischverwandte ohne festes Gehäuse ihr Unwesen trieben, können wir heute nicht mehr in Erfahrung bringen, denn ihre Körper haben keine Spuren hinterlassen.

Sichtungen und Seemannsgarn

Nicht einmal den heute noch lebenden Kopffüßern ist so recht auf die Spur zu kommen. Der Oktopus ist so ein Wesen. Schon die Minoer stellten ihn immer wieder auf ihren Gefäßen dar. In der griechischen Antike erzählte man sich, wie Obergott Zeus einst die Menschen von Aragos bedrohte. Wenn sie sich nicht zu ihm bekehren ließen, wollte er ihnen zur Strafe einen riesigen Kraken auf den Hals hetzen.

In der Folgezeit schlängelte sich der Oktopus ebenso wie sein Cousin, der Riesenkrake, durch Geschichten und Seemannsgarn, wütete in berühmten Romanen wie *„20.000 Meilen unter dem Meer"* von Jules Verne und fraß schließlich im zweiten Teil der Kino-Piratensaga *„Fluch der Karibik"* sogar den unzerstörbaren Captain Jack Sparrow. Ein Fabeltier, wie man es sich nicht besser ausdenken könnte.

Das Verrückteste an den Geschichten ist allerdings, dass es sowohl den Riesenoktopus als auch den Riesenkraken **Architheutis** wirklich gibt.

Hatte man die Erzählungen über gigantische Tintenfische, die die Seeleute von ihren Reisen mitbrachten, über Jahrhunderte hinweg als Spinnerei abgetan, setzte im 19. Jahrhundert eine wahre Jagd nach den Riesen der Tiefsee ein. Immer wieder wurden einzelne Teile von Tieren irgendwo auf der

Welt angeschwemmt. Meistens vergammelten die weichen Körper bald, und was blieb, waren vage Gerüchte. Mit dem Aufkommen der Fotografie gab es erstmals bleibende Belege und hin und wieder konnten sogar einzelne Funde präpariert und vor dem Verfall geschützt werden. Sobald erst einmal klar war, dass tatsächlich riesige Kopffüßer in der Tiefsee lebten, waren Wissenschaftler und Abenteurer kaum zu halten. Immer wieder wurden Expeditionen ausgerüstet, um ein Exemplar zu fangen oder doch zumindest zu fotografieren. Erst kürzlich ist es einem japanischen Wissenschaftler gelungen, einen Riesenkalmar mit einem Köder anzulocken und ein Foto zu schießen.

Die Kopffüßer gehören jedoch nicht nur zu den größten und gefährlichsten Räubern, sie haben auch die Jäger mit den tollsten Tricks im Tierreich hervorgebracht. Der Mimikoktopus aus Indonesien beispielsweise ist in der Lage, eine Reihe anderer Meeresbewohner täuschend echt nachzumachen. Mal zeigt er sich als platte Flunder, mal als Seeaal oder Koralle. Damit täuscht er Feinde und Beutetiere gleichermaßen.

„Vampirtintenfisch aus der Hölle" heißt ein anderer skurriler Geselle: Vampyrotheutis infernalis. Mit seiner kräftigen Färbung und den feinen Häuten zwischen den Tentakeln hat der Tiefseebewohner die Forscher zunächst ziemlich überrascht. Wie er elegant durch seine dunkle Umgebung schwebte, erinnerte er die Wissenschaftler am ehesten an Graf Dracula im zeitlos eleganten Cape. Spitze Zähne hat der Vampirtintenfisch zwar nicht, aber dafür einige effektive Tricks, um Feinden zu entkommen. Wird er angegriffen, beginnen seine Leuchtorgane zu pulsieren und er stößt eine klebrige selbstleuchtende Substanz aus. Diese Lightshow dient vermutlich dazu, den Angreifer zu verwirren. Genauso wie ein Bühnenmagier seine Zuschauer mit Theaterblitz und Nebelmaschine austrickst, verschwindet auch der **Vampirtintenfisch** und lässt einen desorientierten Betrachter zurück.

All diese exotischen Räuber haben ihren Ursprung im Silur, dem Zeitalter der Perlboote. Bewegt man sich noch weiter in die Vergangenheit zurück, trifft man auf die ersten vergleichsweise großen Räuber der Erdgeschichte überhaupt. Alles an ihnen war sonderbar, sogar ihre Fundgeschichte ist mysteriös.

Mit Panzern und Zangen

Der Fund der 1.000 Rätsel

1909 machte die Familie Walcott in den kanadischen Rocky Mountains Ferien. Die „Urlaubstage" dieser Familie waren durchaus ungewöhnlich. Dafür sorgte schon Vater Charles Doolittle Walcott, der ein begeisterter Fossiliensammler war. So beschäftigten sich in jedem Jahr auch Mutter Helena, die Söhne Stuart und Sidney sowie Tochter Helen Breese damit, Schieferplatten aus Berghängen zu schlagen oder Steine umzudrehen. Die Walcotts waren eine echte Forscherfamilie. In besagtem Urlaub 1909 wurde ihre Mühe mehr als belohnt. Sie entdeckten etwas Unglaubliches: die Überreste einer längst ver-

gangenen fremdartigen Welt. Vermutlich wären sie nicht erstaunter gewesen, hätten sie Spuren von Außerirdischen gefunden. Die Fossilien im sogenannten Burgess-Schiefer versetzten auch später noch ganze Forschergenerationen in Verzückung.

Wie genau es zu der sensationellen Entdeckung kam, ist bereits das erste Rätsel in der Geschichte dieses Fundes. Tochter Helen Breese hatte über den genauen Hergang der Entdeckung berichtet:

Der Fund der Familie Walcott

„Den Sommer zuvor waren wir am Emerald-See im Yoho Tal. Eines Tages kamen Mutter und Vater zum Camp in der Nähe des Burgess-Passes zurück. Vater hatte eine Schicht am Fuße der Klippen des Mount Wapta ansehen wollen, daher wartete Mutter auf dem Pfad, während Vater sich an den steilen Aufstieg über das Geröll machte. Sie begann, rechts und links des Weges den Schiefer aufzubrechen, und als Vater zurückkehrte, hatte sie bereits einige sehr bemerkenswerte Fossilien gefunden."

Aber diese Zeilen sind vielen Wissenschaftlern und der Öffentlichkeit ganz und gar unbekannt. Meist wird Charles Doolittle Walcott als Entdecker des Burgess-Schiefers genannt, obwohl er diese Ehre selbst in seinen Berichten vom Fundort nie für sich in Anspruch genommen hat. Immerhin machte ihn die Entdeckung reich und während seiner Lebenszeit mindestens so berühmt wie die Filmfigur Indiana Jones. Wer die ersten Fossilien tatsächlich erspähte, ist bis heute ein Geheimnis. Sicher ist allerdings, dass die gesamte Familie auch in den folgenden Jahren von Vater Charles verpflichtet wurde, weitere Fossilien aus dem Burgess-Schiefer zu graben.

Das Kambrium-Puzzle

Der Burgess-Schiefer ist 505 Millionen Jahre alt. Damit gehört er in eine Periode der Erdgeschichte, die man Kambrium nennt. Nie zuvor hatte man Fossilien einer so alten Lebenswelt gefunden – und dann auch noch hervorragend erhalten. Bis 1917 holte die Familie Walcott 67.000 Fossilien aus dem Fels, Charles Doolittle Walcott wurde als Entdecker der bis dahin ältesten Fossilfunde zum Superstar der Paläontologie und der Burgess-Schiefer zu einer Art wissenschaftlichem Heiligtum. Bis heute untersuchen Wissenschaftler die Fossilien und versuchen, die geheime Welt des Kambriums zu rekonstruieren.

Die Fantasie der Forscher wurde aber nicht nur vom Alter der Objekte angestachelt, sondern auch durch die Tatsache, dass viele Wesen nicht in einem Stück erhalten geblieben sind, sondern in Einzelteile zerlegt und bunt gemischt mit den Überresten anderer gefunden wurden. Walcott selbst brachte für die geheimnisvollen Puzzlestücke nicht besonders viel Interesse auf. Er glaubte, mit Darwins Evolutionstheorie bereits eine brauchbare Vorlage für sein Bild der Vergangenheit zu haben.

Wissen

Darwins Hummer

Darwin ging davon aus, dass sich alle Lebewesen Schritt für Schritt aus einfacheren Formen entwickelt hätten. Für Walcott waren die Burgess-Wesen folgerichtig nichts anderes als primitive Urformen der Gliederfüßer - also nichts als Krebse, Garnelen und Hummer. Und tatsächlich trifft dies auf einen Großteil der Fundstücke zu.

Zu den Gliederfüßern, die noch heute auf der Erde leben, zählen beispielsweise die Spinnen und ihre Verwandten wie Milben oder Skorpione. Eine weitere Gruppe bilden die Krustentiere, also Krebse und ihre Verwandten. Am artenreichsten ist heute aber die dritte Gruppe. Zu ihr werden Tausendfüßer, Hundertfüßer und Insekten gerechnet. Lediglich die Trilobiten, die im Kambrium recht häufig waren, sind vor 225 Millionen Jahren ausgestorben.

Doch über 250 Millionen Jahre lang bewegten sich **Trilobiten** in so vielen Arten über den Meeresboden, dass sie heute als Leitfossilien des Kambriums gelten: Wo immer ein Trilobit entdeckt wird, stehen die Chancen gut, auch auf seltenere Arten aus dieser Zeit zu stoßen.

Walcott war jedoch kein Theoretiker und ein ausdauernder Bastler schon gar nicht. Er beschrieb nur einige der auffälligsten Fossilien, die meisten verschwanden jedoch nach kurzer Begutachtung in den Magazinen des Smithonian Instituts. Erst 1966 versuchte sich ein weiterer Wissenschaftler ernsthaft an dem Burgess-Puzzle und fand heraus, dass Walcott einige Teilchen wohl an die falsche Stelle gesetzt hatte. Harry Whittington und sein Team gruben noch einmal im Burgess-Schiefer und nahmen diesmal auch kleinste Hinweise mit: haarfeine Antennen, Facettenaugen und Beinchen. Als sie ihre Fundstücke zusammensetzten, kamen sie zu ganz anderen Ergebnissen als Walcott.

Ein besonders rätselhafter Fall war ein Wesen namens Opabinia. Laut Walcott soll es ein Trilobit gewesen sein. Tatsächlich hatte es jedoch weder mit einem Trilobiten noch mit irgendeinem anderen bekannten Tier viel gemeinsam. Opabinia sah ein bisschen aus wie ein Bio-Staubsauger: Vorne besaß das Tier einen Rüssel, der in einen zangenartigen Fortsatz auslief, und fünf kugelige Knöpfe auf Stielen. Al-

lerdings war es ihm nicht möglich, mit dem Rüssel Nahrung aufzusaugen, denn der Rüssel hatte keine Verbindung zum Magen. **Opabinia** ernährte sich wohl eher nach Elefantenmanier und benutzte den Rüssel als Greifer, mit dem sie Essbares in ihre Mundöffnung schob. Die fünf Knubbel am Kopf waren Augen, die es ihr ermöglichten, das Wasser über sich in mehreren Richtungen nach Feinden abzusuchen. Solche Vorsichtsmaßnahmen waren sicher nötig, denn im Kambrium ging es nicht gerade friedlich zu.

Die meisten Wissenschaftler glauben sogar, in dem ersten großen Wettrüsten in der Tierwelt den Motor für einen gewaltigen Entwicklungsschub zu erkennen. Denn das Besondere an Wesen wie Opabinia ist, dass sie und ihre Zeitgenossen in einem geologisch vergleichsweise kurzen Zeitraum entstanden sind. Heute gehen viele Forscher davon aus, dass sich die Lebensbedingungen in den Ozeanen im Vergleich zu der Zeit vor dem Kambrium dramatisch verändert haben müssen, um all die neuen gepanzerten und mit Fangarmen und Greifern versehenen Wesen hervorzubringen. Eine Theorie besagt zum Beispiel, dass es ein Überangebot an Calcium im Meerwasser gegeben haben könnte. Der Kalk der Panzer und Schalen sei zunächst ein reines Ausscheidungsprodukt gewesen, das seinen Trägern jedoch einen Vorteil verschafft und sich deshalb durchgesetzt habe. Daraufhin hätten sich bei den Räubern Werkzeuge zum Knacken der neuen Schalen entwickelt und ein Wettrüsten zwischen Räubern und Beutetieren soll schließlich zu immer mehr und immer neuen Tierarten geführt haben. Diese Turbo-Entwicklung nennt man heute „kambrische Explosion".

Fossilienpuzzle in Drei-D

Der Topjäger der kambrischen Explosion blieb jedoch lange verborgen. Zwar hatte bereits Walcott ein entsprechendes Fossil gefunden, aber die Teile auf der Schieferplatte als Überreste von drei verschiedenen Tieren gedeutet. Ein länglicher Körper war leicht zu erkennen, Walcott vermutete hier eine Seegurke. Zwei zu Halbkreisen eingedrehte Fossilien hielt er für Garnelenschwänze und ein Wesen in der Form einer Ananasscheibe für eine platt gedrückte Qualle. Dieser Teil des Kambriumpuzzles konnte so schon mal nicht stimmen. In den angeblichen Garnelen hätte man beispielsweise Verdauungsorgane finden müssen und auch sonst hakte die Deutung bei genauerer Betrachtung. 1982 gelang es Whittington dann, die Teile neu zusammenzusetzen, diesmal kam nur ein einziges

Tier heraus: **Anomalocaris,** der gefährlichste Räuber des Kambriums.

Die angebliche Seegurke war tatsächlich der Rumpf mit Kopf, während die Garnelen gemeinsam mit der Qualle in Wirklichkeit die Kauwerkzeuge des Tieres bildeten. Später wurden noch weitere, nicht zerfallene Exemplare gefunden, die es möglich machten, das Aussehen des damaligen Topjägers zu rekonstruieren. Mit einer Gesamtlänge von 70 Zentimetern war Anomalocaris ein Gigant im Vergleich zu seinen oft nur wenige Zentimeter großen Zeitgenossen. Sein bizarres Aussehen und seine Lebensweise könnten heute noch Science-Fiction-Autoren als Vorlage dienen.

Die kambrische Kampfmaschine

Anomalocaris war ein hoch entwickelter Jäger. Flossenfortsätze säumten seinen Körper auf der gesamten Länge. Wahrscheinlich war er schnell und wendig und brachte sich in kürzester Zeit über seiner Beute in Position. Dann zog er seinen Fangschlag mit den beiden Greifern aus und führte sein Opfer mit ihnen zum Mundwerkzeug. Die ananasförmige Struktur war nichts anderes als eine ringförmige, mit nadelspitzen Zähnen besetzte Schredderkonstruktion. Zwei dieser tödlichen Ringe waren hintereinandergeschaltet und schnappten vermutlich abwechselnd zu.

Wissen

Gnadenloser Fänger

Zuerst sperrte Anomalocaris seinen äußeren Zahnkranz auf und schnappte das Beutetier. Minimal zeitverzögert öffnete sich weiter innen der zweite Ring und hielt die Nahrung fest. Der äußere Ring öffnete erneut, um nachzufassen. Auf diese Weise wurde das Opfer in pulsierenden Bewegungen nach innen befördert. Was dieser Räuber einmal im Griff hatte, verlor er nie mehr.

Nahezu überall auf der Welt durchstreifte das ungewöhnliche Raubtier die Wasserwelten des Kambriums. Mittlerweile hat man in Europa, China, Australien, Kanada und in den USA weitere Fossilien des vielleicht außergewöhnlichsten Räubers aller Zeiten gefunden.

Aber die Geschichte der Jäger begann natürlich schon vor dem Kambrium. Doch anders als Opabinia und Anomalocaris besaßen ihre Vorgänger noch keine harten Bestandteile. Ihre weichen Körper hinterließen nur ganz selten Spuren, die die Jahrmillionen überdauerten.

Die Weltmeere der Weichen

Im Ediacarium, vor 580 bis 542 Millionen Jahren, wimmelte es in den seichten Urmeeren von mehrzelligen Lebewesen, von denen man noch weniger weiß als von ihren kambrischen Vettern. Wissenschaftler können nicht einmal mit Sicherheit sagen, ob sie Pflanzen oder Tiere waren. In den südaustralischen Ediacara-Hügeln wurden in Sandsteinen die Abdrücke von zwei bis 80 Zentimeter langen, klar gegliederten Mehrzellern entdeckt. Man unterscheidet Abdrücke, von denen man vermutet, es seien Schwämme, Quallenvorstufen oder gar Schirmquallen gewesen. Dazu entdeckte man Gestalten, die wie Federn oder gesteppte Luftmatratzen ausgesehen haben müssen. Einige Tiere des Ediacariums erinnern mit ihren zarten Formen und Fortsätzen eher an Pflanzen als an moderne Tiere. Tatsächlich gab es jedoch vorwiegend mehrzellige Tiere und nur mikroskopisch kleines pflanzliches Leben zu jener Zeit.

Wer in dieser Welt an der Spitze der Nahrungskette stand, lässt sich nur schlecht beurteilen. Gute Chancen auf den Titel „Topjäger" haben die Quallen, die ja bis heute als Räuber in allen Weltmeeren sehr erfolgreich neben Fischen und Meeressäugern bestehen. Und die Möglichkeiten dieser uralten Lebewesen sind noch lange nicht ausgeschöpft.

Immer wieder Quallen

Quallen sollen Lachsfarm vernichtet haben

22.11.2007 Die einzige Lachsfarm Nordirlands - innerhalb von nur sieben Stunden vernichtet. „Wir konnten nichts machen, überhaupt nichts", sagte John Russell, Geschäftsführer der Northern Salmon. Hunderttausende Leuchtquallen seien über die 100.000 Lachse der Farm hergefallen und hätten sie getötet. Ein Dutzend Mitarbeiter hätte mit drei Booten noch versucht, die Tiere zu retten. Vergeblich. „Es war beispiellos, absolut erstaunlich", berichtet Russell.

Die Leuchtquallen, mit wissenschaftlichem Namen Pelagia noctiluca, hätten in einem dichten Schwarm die beiden ca. 250 Quadratmeter großen und zehn Meter tiefen Lachsnetze angegriffen. Alle Lachse seien an Stichen oder Stress verendet, bevor die Boote die Netze erreicht hätten, sagte Russell.

Bisher waren die Leuchtquallen eher als Plage für die Touristenstrände des Mittelmeers in Erscheinung getreten. Ihr massenhaftes Auftreten so weit im Norden in britischen und irischen Gewässern wird von Wissenschaftlern mit der Klimaerwärmung erklärt.

Russell sagte, seine Firma, die ihren Fisch nach Deutschland, Frankreich, Belgien und die USA lieferte, werde wohl schließen müssen. „Es ist eine Katastrophe", sagte er. Die Lachse waren seinen Angaben zufolge rund 1,4 Millionen Euro wert.

Aus: http://www.spiegel.de/wissenschaft/natur/0,1518,518904,00.html

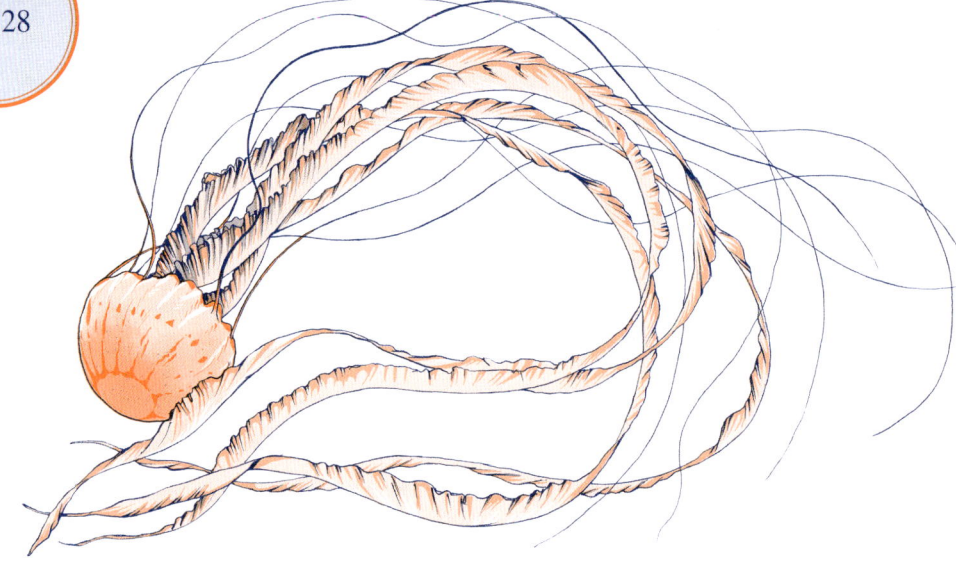

Die Lachse starben in ihrem Gehege nicht nur am Gift der **Quallen,** sondern auch an Schmerz und Stress. Die Quallen, die als Fischmörder in die Presse kamen, hatten allerdings gar keinen Überfall im Sinn. Quallen folgen auf der Suche nach Nahrung bestimmten Strömungen. Solche Strömungen, Wind und Wassertemperatur bestimmen ihren Kurs. Die Lachsfarm lag unglücklicherweise einfach nur auf ihrem Weg.

Wissen

Giftangriff mit Hochgeschwindigkeit

Quallen sind trotz ihres weichen, fast durchsichtigen Körpers hervorragende Jäger. Sie besitzen vermutlich sogar die schnellste Angriffstechnik im gesamten Tierreich. Wie genau der sogenannte „Nesselmechanismus" funktioniert, konnten

Wissenschaftler nur mithilfe von Hochgeschwindigkeitskameras nachweisen. Für unser Auge erfolgt eine Quallenattacke viel zu schnell. Die Qualle besitzt so etwas wie eine eingebaute Selbstschussanlage. Basis dieses ausgeklügelten Systems sind Zellen mit sogenannten Nesselkapseln, die gefährliche Projektile enthalten. Die Qualle schießt nicht etwa mit Patronenkugeln, vielmehr enthalten die Kapseln zusammengerollte Fäden, die manchmal sogar mit Haken ausgestattet sind. Bis zu 500.000 solcher Nesselkapseln können in einem einzigen Tentakel für den Angriff bereitliegen.

Wenn nun ein Beutetier die Fangarme der Qualle berührt, platzen die betroffenen Nesselkapseln auf und die giftgeladenen Fadenknäuel werden herausgeschleudert. Sie durchschlagen die Haut des Opfers und setzen großflächig Nesselgift in der Blutbahn frei.

Viele Quallengifte sind höchst gefährlich. An der Berührung der australischen Seewespe beispielsweise sterben jährlich mehr Menschen als an Haiattacken. Erst vor Kurzem entdeckten Forscher, dass auch das Gift anderer Arten ebenso tödlich ist wie das der Seewespe. Nur weil in unseren Breiten der Nesselmechanismus der meisten Spezies keine so große Durchschlagskraft hat wie das der Seewespe, enden Zusammenstöße bei uns eher glimpflich. Die Quallen im Mittelmeer, im Atlantik oder in der Nord- und Ostsee können zwar ihre Beutetiere, kleinere Fische oder andere Quallen, töten. Beim Menschen dringt das Gift jedoch nur in die Haut ein und gelangt nicht bis in die Blutbahn.

Killerquallen –
die Räuber der Zukunft?

Zusammenstöße mit Quallenschwärmen könnte es in Zukunft häufiger geben – für Lachse ebenso wie für Menschen. Denn Quallen gehören zu den Gewinnern des Klimawandels. Bisher verdarben sie höchstens an warmen Küsten Badeurlaubern den Spaß. Heute jedoch breiten sie sich dank der wärmeren Wassertemperaturen immer weiter nach Norden aus. Zudem befreit der Mensch die Weichtiere von ihren Nahrungskonkurrenten und Feinden. Je weniger Fische und Schildkröten es im Meer gibt, die Quallen fressen, desto mehr verbreiten sich die glibberigen Siegertypen.

Es ist schon erstaunlich, aber ausgerechnet diese uralten Lebewesen haben gute Chancen, auch in Zukunft ihren Platz in den Ozeanen zu behaupten. Sie könnten künftig durchaus wieder an der Spitze der Nahrungskette stehen, wenn der Mensch nicht aufhört, die anderen Meeresbewohner auszurotten.

An Land,
ins Meer
und wieder zurück

Aufbruch in neue Welten

Lange Zeit hatten die Wissenschaftler angenommen, dass ein Evolutionsschritt nicht mehr umkehrbar sei. Wechselt eine Tierart zum Beispiel vom Meer zum Land, bleiben ihre Vertreter für immer Landbewohner.

Heute ist jedoch erwiesen, dass es immer wieder Lebewesen gab, die den Wechsel vom Meeres- zum Landbewohner und zurück vollzogen haben. Da alles Leben ursprünglich aus dem Meer stammt, verläuft die Hauptentwicklungsrichtung natürlich aus den Ozeanen in Richtung Land, aber nicht immer bleibt es dabei.

Die ersten, die es sich auf dem Trockenen gemütlich gemacht haben, waren allerdings keine vorwitzigen Fischverwandten oder gar Amphibien. Sieht man von Bakterien und Pilzen ab, gebührt der Ruhm der Erstbesiedelung einer Tiergruppe, die in den Büchern über Evolution häufig vergessen wird. Fossilien belegen, dass sich Skorpione schon vor 420 Millionen Jahren auf dem Festland tummelten. Ähnlich früh zog es die Springschwänze an Land. Auch sie sind in vergleichsweise alten Schichten gefunden worden. Heute schätzen viele die Winzlinge allerdings nicht wegen ihrer Pioniertat, sondern vor allem als Lebendfutter für Aquarienfische.

Als sich dann vor 370 Millionen Jahren tatsächlich die ersten Wirbeltiere an Land schleppten, herrschte da schon

ein munteres Gewimmel. Zu den Skorpionen und Spring-
schwänzen hatten sich mittlerweile verschiedene Insekten,
Spinnentiere und Tausendfüßer gesellt. Auch Pflanzen gab
es zu diesem Zeitpunkt bereits.

Wissen

Pioniere an Land

Forscher hatten früher automatisch angenommen, dass die
Pflanzen schon vor den Tieren das Land besiedelt hätten.
Heute wird diese Annahme jedoch mehr und mehr bezwei-
felt. Langzeituntersuchungen an neu entstandenen vulka-
nischen Inseln zeigen, dass zunächst Spinnentiere und Insek-
ten Neuland erobern und nicht wie vermutet die Pflanzen.
Die Pioniere jagen andere Tiere oder ernähren sich von Aas,
Bakterien oder Pilzen.

Welches Wirbeltier schließlich den Schritt an Land schaffte und
zum Urahnen aller Amphibien, Reptilien, Vögel und Säugetiere inklusive des Menschen wurde, ist noch immer umstritten.
Gute Voraussetzungen brachte ein Vertreter der sogenannten
Fleischflosser mit. Der Fisch mit dem Ehrfurcht gebietenden
Namen Eusthenopteron hatte sich vor 385 Millionen Jahren so
ganz anders als seine Fischkollegen entwickelt. Äußerlich war
es ihm kaum anzusehen, aber Eusthenopteron hatte einiges vor-
zuweisen, was Landbewohnern nützlich werden konnte.

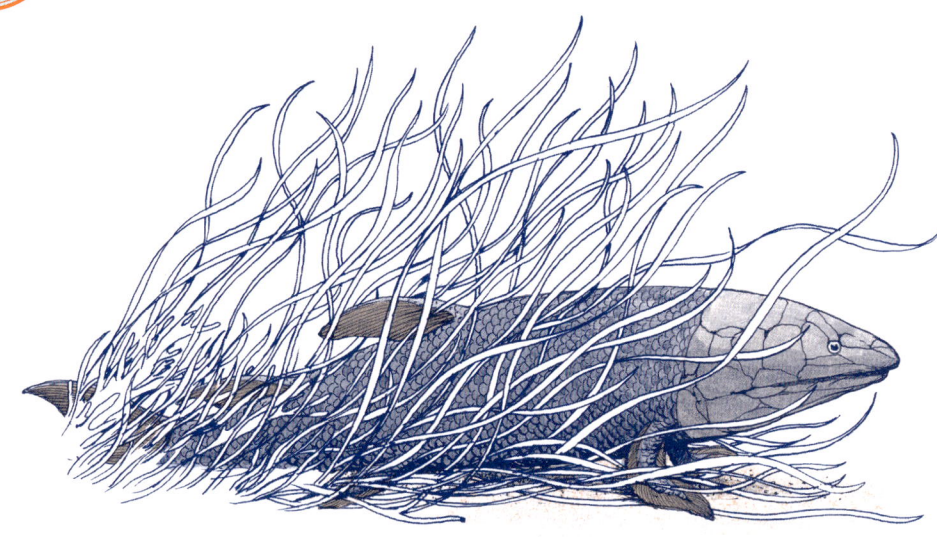

Das Tier besaß ein besonders kräftiges Flossenskelett mit ordentlichen Muskeln. Damit hatte **Eusthenopteron** gute Chancen, sein Gewicht auch an Land fortbewegen zu können. Das Vorankommen an Land war nämlich neben der Atmung die größte Herausforderung für die Bewohner der Ozeane. Im Gegensatz zum Wasser half die Luft keineswegs dabei, das eigene Gewicht zu tragen.

Der neue Lebensraum war tückisch. Man fühlte sich selbst viel schwerer, jede Bewegung kostete unendlich viel Kraft und dann sollte man auch noch Luft atmen. Ganz zu schweigen von dem Sonnenbrand, der hier draußen drohte. Wollte man an Land seinen Molch stehen, musste man am besten schon im Wasser einige Vorbereitungen treffen.

Ein lebendes Fossil: der Quastenflosser

Ein anderer Kandidat für einen frühen Landgang ist der Quastenflosser. Eigentlich hätte er schon vor 65 Millionen Jahren zusammen mit den Dinosauriern ausgestorben sein sollen, das jedenfalls glaubten die Wissenschaftler, bis die südafrikanische Museumskuratorin Marjorie Courtenay-Latimer 1938 einen absonderlichen Fund auf dem örtlichen Fischmarkt machte. Ein befreundeter Trawler-Kapitän überließ ihr regelmäßig seinen Beifang für ihre Studien. Als sie den großen Fisch zum ersten Mal sah, wusste sie sofort, welche Sensation sie hier vor sich hatte. Aber sie wollte ihre Einschätzung bestätigen lassen und legte den Fund dem Fischexperten James L. B. Smith vor, der später

schrieb: „Ich wäre kaum erstaunter gewesen, wenn ich auf der Straße einem Dinosaurier begegnet wäre." Die ersten Filmaufnahmen lebender Quastenflosser gelangen 1987 dem deutschen Zoologen Hans Fricke im Indischen Ozean.

Die meisten Forscher gehen heute davon aus, dass die Eigenschaften, die später die Eroberung der Kontinente ermöglichten, bereits in den Ozeanen oder Flüssen ausgebildet worden waren. Eusthenopteron, Quastenflosser und Co trainierten vermutlich in seichten Gewässern mit vielen Pflanzen ihre Flossen. Sie hatten nicht im Sinn, an Land zu gehen, sondern kämpften sich zwischen dickem Pflanzenbewuchs voran – und da sind Beine einfach günstiger als Paddel.

Vielleicht verwendeten sie ihre beinartigen Flossen sogar zum Graben im morastigen Grund. Für Eusthenopteron als direktem Vorfahr der ersten Landeroberer spricht auch die Tatsache, dass seine Flossen bereits über sieben Fingerknochen verfügten, ein ganz typisches Merkmal der späteren Landbewohner.

Der Fleischflosser besaß neben seinen Kiemen außerdem eine Luftblase, die er als Sauerstoff-Reservetank für Landausflüge genutzt haben könnte. Den Sauerstoff aus der Luft konnten die frühen Landgänger ohne Lungen noch nicht nutzen. Tatsächlich hätten sie in einer Welt voller Sauerstoff ersticken können. Diesen Trick wenden übrigens bis heute auch moderne Lungenfische an, um länger auf dem Trockenen bleiben zu können. Die weitere Entwicklung hin zum Landbewohner ist nicht klar. Schon seit Längerem sprechen Wissenschaftler deshalb nicht mehr von einer Entwicklungslinie der Landbewohner, sondern eher von einem gemeinsamen „Stammbusch". Viele Fossilien zeigen einzelne Merkmale, die die Arten fit für den Umzug aufs feste Land gemacht hätten, obwohl sie ansonsten typische Fische blieben. Eine gerade Entwicklungslinie ist durch Fossilien nicht nachzuweisen. Erst nach sehr vielen Umwegen und Zwischenschritten haben sich offenbar 15 bis 20 Millionen Jahre nach Eusthenopteron Tiere entwickelt, die dauerhaft auf dem Trockenen leben konnten.

Alle wollen an den Strand?

Manchmal hat man den Eindruck, dass sich nach den ersten zögerlichen Schrittchen eines Meeresbewohners auf festen Boden alle bedeutenden Entwicklungen auf das Land verlagert hätten. Das ist natürlich nicht so. Tatsächlich dachte die überwiegende Mehrzahl der Lebewesen in den Ozeanen nicht im Traum daran, das Wasser zu verlassen. Nur einzelne Pioniere zog es aufs Trockene, während in den Meeren die Evolution ebenfalls munter weiterging.

Wissen

Umzug ins Ungewisse

Bis heute können Wissenschaftler nicht schlüssig belegen, weshalb sich Lebewesen überhaupt in einen Lebensraum begaben, der für sie alles andere als einladend gewesen sein muss.

Was hatte die trockene Welt schon zu bieten? Schmerzende Beine wegen der Belastung durch das gefühlt größere Körpergewicht, Rückenbeschwerden, wunde Kiemen, Sonnenbrand und entzündete Augen von der grässlich hellen Beleuchtung. Auf jeden Fall zwang der neue Lebensraum zu vielen weiteren Veränderungen: Skelettbau, Muskeln und diverse Organe – vor allem eine Lunge – mussten an die neuen Gegebenheiten angepasst oder sogar völlig neu entwickelt werden.

Als Vorteile des Landlebens sehen die Wissenschaftler die Möglichkeit, sich selbst oder auch seine Nachkommen vor gefährlichen Feinden in Sicherheit bringen zu können.

Das ist zwar durchaus ein plausibler Grund. Die meisten Forscher vermuten mittlerweile jedoch vor allem ein anderes Motiv für den beschwerlichen Landgang, nämlich den reich gedeckten Tisch, der hier lockte. Wenn es dort von Bakterien, Insekten, Spinnentieren und Tausendfüßern nur so wimmelte, war – allen Hindernissen zum Trotz – auf dem Trockenen leichter Beute zu machen, als in einem Meer voller Konkurrenten.

Eine Chance hatten, wie gesagt, nur jene, die bereits im Meer Fähigkeiten entwickelt hatten, die sie auch an Land gut gebrauchen konnten: einen kräftigen

Knochenbau beispielsweise oder eine ausgeprägte Beinmuskulatur. Aus diesen erstaunlichen Lebewesen entwickelte sich mit der Zeit die ungeheure Artenvielfalt aller Landbewohner, die wir heute kennen.

Nun sollte man meinen, dass die Entwicklung vom Meeresbewohner zum Landlebewesen etwas Endgültiges sei. Immerhin hat es doch so viel Zeit und Anstrengung gekostet, sich auf den neuen Lebensraum einzustellen. Einige Arten scheuten jedoch keine Mühen, um als vollständig entwickeltes Landlebewesen wieder zurück ins Meer zu gelangen. Neben den Delfinen und Walen gehören dazu sogar Wesen, die nicht nur die Kontinente, sondern sogar den Luftraum erobert hatten: Pinguine.

Vom Himmelsstürmer zum Torpedo

Der berühmte schwedische Naturforscher Carl von Linné ging davon aus, dass der Pinguin eine Frühform des Vogels sei, vielleicht sogar ein Bindeglied zwischen Fisch und Vogel. Er glaubte gewissermaßen, dass sich bei dem in seinen Augen primitiven Pinguin das Fliegen einfach noch nicht entwickelt habe.

> „Wir sind geneigt, den Kaiserpinguin als primitivsten aller Pinguine, ja wenn nicht aller Vögel überhaupt anzusehen."
>
> *Dr. Edward Wilson 1902 über den Kaiserpinguin*

Wissen

Verkannte Spezialisten

Erst im 20. Jahrhundert entdeckten Biologen, dass der Pinguin ganz und gar nicht rückständig, sondern hoch spezialisiert und bestens an seinen Lebensraum angepasst ist.

Der Irrtum der früheren Forscher bestand in der Annahme, der Lebensraum eines jeden Vogels sei automatisch der Himmel. Kein Wunder, dass der Pinguin hier nicht punkten konnte. Erst als die Wissenschaftler begannen, Pinguine in ihrem angestammten Element, dem Wasser, zu beobachten, wandelte sich das Bild vom fußlahmen Nichtflieger zum Superschwimmer.

Mittlerweile steht auch außer Frage, dass der Pinguin von Vorfahren abstammt, die fliegen konnten. Die Forscher vermuten, dass vor 70 Millionen Jahren ein circa ein Kilogramm schweres Federvieh – etwa in der Größe eines Huhns – den Luftraum unsicher machte. Es konnte vermutlich auch schon recht gut tauchen und holte sich seine gesamte Nahrung aus dem Meer.

Dieser Zeitgenosse der späten Dinosaurier war nicht nur der Urahn des Pinguins, sondern auch eines anderen sehr bekannten Meeresvogels. Dieser ist allerdings ganz im Gegensatz zum Pinguin als hervorragender Flieger bekannt: der Albatros. Lange kamen die Wissenschaftler nicht hinter das Geheimnis, wieso ein Teil der Nachkommen dieses Urmeeresvogels sich zu ausdauernden Superfliegern entwickelte, während ein anderer Teil seine Flugfähigkeit vollkommen verlor.

Eine Erklärung sehen die Forscher in physikalischen Notwendigkeiten: Je üppiger das Nahrungsangebot ist, desto größer kann ein Tier werden. Gerade Vögel müssen sich dann aber bald für eine Fortbewegungsart entscheiden. Halbe Sachen funktionieren nicht. Entweder werden sie Flieger oder Schwimmer.

Wissen

Flügel unter Wasser?

Für einen großen und schweren Flieger müssen auch entsprechend große Flügel her. Unter Wasser sind zu große Flügel allerdings unpraktisch und nehmen dem Jäger seine Wendigkeit. Der Pinguin hatte offenbar keine Veranlassung, die kräftezehrende Fortbewegung in der Luft beizubehalten. Bei gutem Nahrungsangebot im Meer und wenigen Feinden konnte er sich prächtig entwickeln. Flügel brauchte er nicht mehr. Das bestätigen 62 bis 60 Millionen Jahre alte Funde von fossilen Pinguinen aus Neuseeland und Südamerika.

Nachdem diese frühen Vorfahren der Pinguine den Schritt zur Flugunfähigkeit endgültig vollzogen hatten, konnten sie sich immer besser an das Leben im Meer anpassen. Die Torpedoform, die Beschaffenheit ihres Gewebes und der Skelettbau machen die Vögel bis heute zu flinken Tauchern. Fünf bis zehn Kilometer pro Stunde schaffen sie leicht und auf Kurzstrecke sind sie sogar noch schneller. Die Beine verlagerten sich im Lauf der Zeit nach hinten, um die Stromlinienform beim Schwimmen zu verbessern. Da Pinguine ihre ehemaligen Flügel zum Antrieb im Wasser nutzten, konnten die Füße weiterhin zum Laufen dienen. Allerdings führten ihre Position und ihre Form zum typischen Watschelgang der Pinguine.

Als Ursache dafür, warum sich sogar sehr große Pinguinarten entwickeln konnten, sehen die meisten Wissenschaftler ein Sterben der großen Meeresreptilien an. Kurz nach den Dinosauriern ging es auch den meisten im Meer lebenden

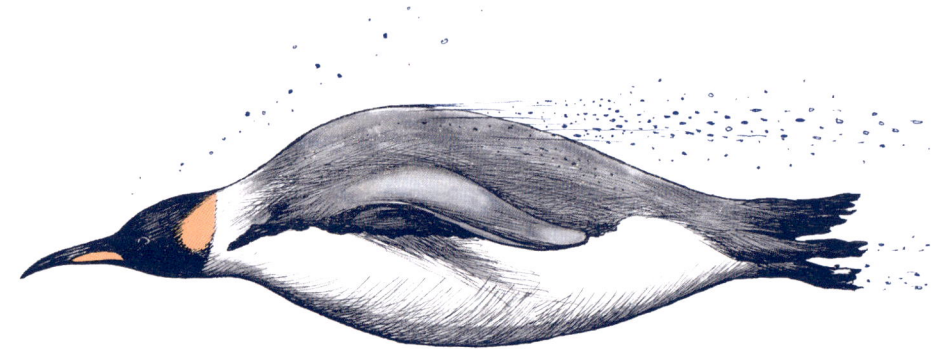

Kaiserpinguine können rund 20 Minuten lang und bis zu 530 Meter tief tauchen.

Echsen an den Kragen. Einige Forscher glauben, dass die Meere abkühlten und den gewaltigen Reptilien keine geeignete Lebensgrundlage mehr boten. Vielleicht waren es nur wenige Grade, aber dieser Wandel könnte ausgereicht haben, um die Echsen unbeweglicher zu machen. Die schnellen, warmblütigen Pinguine schnappten ihnen mit der Zeit Fisch, Krill und Tintenfisch einfach weg. Und nachdem die Echsen ausgestorben waren, war der Tisch für die Pinguine umso reicher gedeckt. Sie nutzten ihre Chance und nahmen den Platz der Meeresreptilien ein. Mit der Zeit veränderte sich sogar das Innere ihrer Knochen. Die für fliegende Vögel so wichtigen Hohlräume verschwanden, denn ein Pinguin braucht keinen Auftrieb.

Wissen

Pinguine auf Augenhöhe

Von den über 40 ausgestorbenen Pinguinarten waren 26 größer als der heute lebende Kaiserpinguin. Der imposanteste von allen trägt den Namen „Anthropornis nordenskjoeldi". Er war mit rund 170 Zentimetern so groß wie ein Mensch und wog 125 Kilogramm.

Vor 25 Millionen Jahren starben die Riesenpinguine schließlich wieder aus und auch in diesem Fall wissen die Forscher nicht genau, wie es dazu kommen konnte. Einige vermuten, dass die Vögel nun im Meer genau das zu spüren bekamen, was ihre Vorfahren an Land und in der Luft hatten vermeiden wollen, nämlich Konkurrenz. Just zu dieser Zeit hatten sich nämlich verschiedene andere Landbewohner von ihrem trockenen Lebensraum verabschiedet und ihr Heil im Meer gesucht. Wale, Delfine und später auch Robben beanspruchten ihren Teil am Nahrungsangebot der Ozeane und übertrafen die großen Pinguine offenbar an Geschwindigkeit und Wendigkeit. Nur die kleineren Vertreter dieser Tiergruppe überlebten den Ansturm der großen Meeressäuger.

Herzlich willkommen im Terrafinparadies

Unsere Terrafinjungtiere aus dem Haus Mountainview erblicken das Licht der Welt in einem Garten Eden für Terrafine zwischen München und Rosenheim. Mittlerweile können wir neben braun-grauen und rosafarbenen Rassen auch gefleckte Jungtiere anbieten.

Die einzigartige Zucht und die gute Betreuung stellen sicher, dass Ihr Terrafin bei Abholung gesund, kräftig und bereits stubenrein ist.

Wir informieren regelmäßig über aktuelle Würfe, Haltung, Ernährung, Gesundheit und Ausbildung für Terrafin und Mensch. Besonders wichtig ist es, dem Terrafin einen kleinen Pool anzubieten, denn seine Herkunft aus dem Meer kann er nicht ganz verleugnen. Auch das nötige Wissen über die wichtige Hautpflege und den nötigen Sonnenschutz geben wir Ihnen gern mit auf den Weg. Auf unserer Homepage finden Sie weitere aktuelle Informationen.

Sollten Sie Ihren Terrafin nicht in den Urlaub mitnehmen können, bieten wir ihm in unserem Terrafinhotel gern einen Raum an. Sie können uns auch gemeinsam mit Ihrem Terrafin besuchen, zum Beispiel, um Kurse für Erziehung und Pflege Ihres Lieblings zu belegen.

Außerdem bilden wir Therapie-, Behinderten- und Jagdterrafine aus.

Wir freuen uns auf Ihren Besuch

Gassi gehen mit Terrafinen, möglichen Nachkommen der heutigen Delfine, wird in absehbarer Zukunft vielleicht nicht unbedingt zur gängigen Freizeitbeschäftigung werden, trotzdem sind landlebende Delfine durchaus vorstellbar. Auf natürlichem Wege würde die Entwicklung allerdings um die 200 Millionen Jahre in Anspruch nehmen. Und warum ausgerechnet Delfine?

Bekanntermaßen unterscheiden sich die schlauen Meerestiere ja durchaus von ihren „Mitbewohnern" im Meer. Sie sind Säugetiere, keine Fische – und das bedeutet, dass sie in grauer Vorzeit bereits an Land gelebt hatten, dann aber wieder ins feuchte Nass zurückkehrten.

Der Urvater der Wale und Delfine

Dass Wale und Delfine von landbewohnenden Säugetieren abstammen, ist schon lange bekannt. Allerdings fehlte der Nachweis für ein Wesen, das den Übergang vom Land- zum Wasserbewohner dokumentiert. Vor wenigen Jahren wurden jedoch die Überreste eines solchen Walvorfahren in Pakistan entdeckt. **Ambulocetus natans** ist sein Name, was so viel bedeutet wie „schwimmender Laufwal".

Vor 50 Millionen Jahren lauerte er in Sümpfen, Mangrovenwäldern und Flussläufen wie ein Krokodil auf seine Beute. Seine Vorfahren hatten noch an Land gejagt, Ambolucetus hingegen bevorzugte das nasse Element. Vor allem auf Seekühe, die übrigens keineswegs mit landlebenden Kühen, sondern mit Elefanten verwandt sind, hatte er es abgesehen. Auch die Seekühe befanden sich gerade wieder auf dem Rückweg ins Wasser. Zu Zeiten des Ambolucetus hatten sie sogar noch richtige Beine, heute dagegen bewegen sie sich mit flossen-artigen Gliedmaßen.

Der Urwal Ambolucetus wird oft als Wanderer zwischen den Welten dargestellt – nicht mehr Landbewohner, aber auch noch nicht Meeressäuger. Das klingt fast so, als sei er gewissermaßen unvollständig entwickelt gewesen. Tatsäch-lich war er jedoch optimal an seine Umgebung angepasst. Mit seinen Augen und Ohren auf der Oberseite des Kopfes konnte er stundenlang im Wasser auf der Lauer liegen. Sei-ne Beine waren ähnlich gut für ein Leben in Sümpfen und Seen geeignet wie die eines heutigen Otters. Seine Füße waren bereits mit Schwimmhäuten ausgestattet, aber bis zur Stromlinienform der Wale und Delfine war es natürlich noch ein weiter Weg.

Wissen

Auf halbem Weg ins Meer

Der „Laufwal" Ambolucetus musste seine Nahrung an Land zerren, um sie zu fressen. Vielleicht brachte er auch seine Jun-gen nach Robbenart auf festem Grund zur Welt.

Bei vielen modernen Meeressäugern erinnert nur noch die Luftatmung an ihre Wurzeln als Landlebewesen. Sie sind heute so vollkommene Ozeanbewohner, dass man sich ihre Vorfahren an Land kaum vorstellen kann. Und noch viel weniger würde man vermuten, dass sie sich irgendwann wieder auf festem Boden tummeln. Aber selbst für die bestangepassten Superschwimmer muss das Meer nicht die Endstation bleiben. Japanische Forscher entdeckten 2010 einen Delfin, dessen Körper für immer verloren geglaubte Merkmale eines Landlebewesens wieder aktiviert hatte: Hinterbeine.

Ausreißer oder Trendsetter: Delfin mit Hinterbeinen

Die meisten Wissenschaftler schenkten den ungewöhnlichen Stummelbeinchen des 2010 neu entdeckten Delfins wenig Beachtung. Es kommt immer wieder einmal vor, dass sich altes, längst überdecktes Erbgut eines Wesens durchsetzt und Merkmale zum Vorschein kommen, die schon lange nicht mehr typisch für eine Art sind. Allerdings zeigt dieser Delfin auch, dass in den Meeressäugern durchaus Potenzial für eine Entwicklung zurück an Land stecken könnte. Letztlich kommt es nur darauf an, ob es für diese Evolution einen Anreiz gibt. Für einige Wale und Delfine scheint ein reiches Nahrungsangebot den entsprechenden Anreiz zu bieten. Beispielsweise wälzen sich an den Küsten der argentinischen Halbinsel Valdez tonnenschwere Killerwale auf den Strand, um Robben zu erlegen, die ihnen ansonsten auf dem Landweg entkommen würden.

Wissen

Auch der **Amazonasdelfin Südamerikas** hat sich ein bisschen näher ans Landleben herangerobbt. Er ruht sich auf Sandbänken aus und macht dort gelegentlich Jagd auf Wasservögel.

Ob die Beinchen des japanischen Delfins einen weiteren Entwicklungsschritt in Richtung Land darstellen, bleibt vorerst offen. Möglicherweise war das Tier einfach eine einmalige Entwicklung ohne Folgen. Vielleicht werden wir aber auch Zeugen der allerersten zarten Anfänge eines weiteren Evolutionsschrittes in der Geschichte des Delfins. Denkbar ist sogar, dass wir mitverantwortlich für den Wandel sind. Denn durch den weltweiten Fischfang sind wir heute die wichtigsten Nahrungskonkurrenten der Wale und Delfine. Womöglich zwingen wir sie, ein weiteres Mal aufs feste Land auszuweichen.

Menschen
auf dem Meer

„Land, da vorn ist Laaaaaand!"

Für einen Moment unterbrechen die Männer und Frauen das Rudern. Tatsächlich – am Horizont ist deutlich ein dunkler Fleck zu erkennen. Aber noch ist ihr Abenteuer nicht zu Ende. Einige nutzen den Moment, um sich den Schweiß von der Stirn zu wischen, der ihnen beim Rudern in die Augen läuft. Die Gruppe nimmt ihre Arbeit wieder auf. Sie kann sich keine Pause erlauben.

Eine starke Strömung versetzt die Flotte immer wieder um viele Meter. Zwar wissen die Anführer, in welche Richtung die Reise gehen soll, und sie orientieren sich an der Sonne und an Strömungen. Aber einen Kurs, der einer geraden Linie folgt, konnten die Ruderer schon kurz nach dem Ablegen nicht halten. Im weiten Zickzack bewegen sich die 30 Bambus-Flöße langsam voran. Die Überfahrt ist ein Kraftakt, aber diese Menschen sind Strapazen gewohnt. Seit Langem ziehen sie immer weiter ins Unbekannte. Wer nicht rudert, kann am Untergang aller schuld sein. Die Männer und Frauen geben ihr Bestes und gehen bis an die Grenzen ihrer Kraft.

Als so lange nur glitzerndes Wasser vor ihnen lag und die unbarmherzige Sonne von einem blauen Himmel auf die Erschöpften niederbrannte, waren die ersten nahe daran gewesen aufzugeben. Doch jetzt schöpfen auch die Verzweifelten neuen Mut. Sie müssen es schaffen! Sind sie nicht ausgezogen, um neue Jagdgründe zu entdecken und dem Mangel in ihrer alten Heimat zu entfliehen? Nun müssen sie nur noch ein kleines Stück bewältigen, dann können sie – wie ihre Vorväter – neues Land in Besitz nehmen und das Wild darauf jagen.

Was die urzeitlichen Menschen, die auf dem Meer zwischen den indonesischen Inseln ihr Glück suchten, tatsächlich empfunden haben, kann man nur mutmaßen. Sicher ist jedoch, dass sie vor fast einer Million Jahre mit einfachen Flößen die Straße von Komodo, einen der gefährlichsten Tiefwassergräben der Welt, überquerten. Diese Menschen gehörten nicht unserer Art an. Ihre Spezies wird heute als Vorgänger des modernen Menschen gedeutet. Man nennt sie Homo erectus, aufrecht gehender Mensch.

Wissen

Der Gedanke, dass schon so früh Vorfahren des modernen Menschen dazu in der Lage gewesen sein sollen, mit Flößen oder Kanus eine Strecke von 22 Kilometern auf dem offenen Meer zurückzulegen, überraschte 2004 die wissenschaftliche Gemeinde.

Im Jahr 2003 fand man Überbleibsel einer Zwergmenschenart auf der indonesischen Insel Flores. Niemand konnte erklären, wie die kleinen Menschen, die stark an Homo erectus erinnerten, auf das abgelegene Eiland kommen konnten – es sei denn auf dem Seeweg.

Aber der Bau eines geeigneten Floßes erfordert große Erfahrung und Geschicklichkeit, Vorausplanung und eine Sprache. Die Navigation auf dem strömungsreichen Gewässer ist ebenfalls nicht nur eine Sache der Kraft, sondern vor allem auch der Intelligenz. Das alles traute man dem Menschentyp Homo erectus zunächst nicht zu. Und doch muss Erectus die Überfahrt geschafft haben, denn nur so ist wiederum zu erklären, warum der Floresmensch überhaupt so klein ist.

Wissen

Der kleine Hobbit

Der Floresmensch, den seine Entdecker wegen seiner geringen Größe liebevoll „Hobbit" tauften, war ein Nachfahre des Homo erectus. So viel belegen seine Knochen. Nachdem Erectus nach langen Strapazen auf See in seiner neuen Heimat, auf der Insel Flores, angekommen war, stellte sich heraus, dass das Nahrungsangebot äußerst knapp war. Über die Jahrzehntausende schrumpfte die Art von stolzen 1,65 bis 1,85 m Körpergröße eines Erwachsenen auf gerade mal 80 Zentimeter. Diesen Effekt der Verzwergung von Inselbewohnern kennt man sonst nur von Tieren wie zum Beispiel den Zwergelefanten von Sizilien. Der Floresmensch war zwar klein, aber immerhin der Nachfahr des frühesten bekannten Seefahrers.

Dass man für frühe Menschentypen den Gebrauch von Booten nicht nachweisen kann, ist nicht verwunderlich. Baumaterialien aus Holz, Schilf oder Bambus sind nicht erhalten geblieben. Selbst für unsere eigene Art kann man die Seefahrt der Vorgeschichte nicht durch Funde von Rudern, Segeln oder ganzen Booten belegen. Man muss sich vielmehr darauf stützen, dass auf Kontinenten und Inseln, auf denen zuvor keine Menschen gelebt hatten, ab einem bestimmten Zeitpunkt Überreste von Menschen zu finden sind. Wenn alle anderen Erklärungsmodelle für ein Fortkommen zu Fuß, wie beispielsweise Landbrücken oder ausgetrocknete Meere widerlegt werden, bleibt nur die Möglichkeit übrig, dass der Mensch schon viel länger zur See fährt als gedacht.

Der *moderne Mensch* tauchte beispielsweise vor 40.000 Jahren zum ersten Mal in Australien auf. Spätestens ab diesem Zeitpunkt müssen also Vertreter unserer eigenen Art die Seefahrt beherrscht haben, vermutlich schon viel früher.

Der Bau und Gebrauch von Wasserfahrzeugen ist demnach eine uralte Kunst. Vielleicht erklärt diese lange Tradition auch den Mut, mit dem sich Menschen wieder und wieder auf den Ozeanen bewegten.

Wie die ersten Wasserfahrzeuge der Menschheit ausgesehen haben, kann man heute nur vermuten. Sicherlich nutzte man zunächst einfach alles, was ohnehin im Wasser trieb, nämlich alle möglichen Pflanzenteile. An einigen Orten war es vielleicht üblich, von treibenden Baumstämmen aus zu fischen. Kleine Veränderungen an den Stämmen, die das Herunterfallen beim Speerfischen verhindern halfen, könnten zur Entwicklung des Einbaums geführt haben.

Der Einbaum ist ein Bootstyp, bei dem der Rumpf aus einem einzigen Baumstamm gefertigt ist. Meistens gibt es

Querbänke, die ebenfalls aus dem Stamm herausgehau-
en wurden. Der **Einbaum** gilt als die Urform des Bootes.
Die frühesten Funde sind 6.000 Jahre alt, vermutlich waren
aber auch schon früher Einbäume in Gebrauch. Im Mittelalter wurden Einbäume vor allem zum Fischen verwendet
und waren mit Haltern für lebende Fische ausgestattet. An
schmalen unzugänglichen Flussläufen benutzte man Einbäume bis ins 19. Jahrhundert. In Deutschland bezeichnete
man ein solches Boot als Nachen.

Nachweise von Binnen- (also Inlands-) und Küstenschifffahrt
finden sich spätestens ab 20000 v. Chr. fast überall auf der
Erde. Ob in China, Indien, der Mongolei, Ägypten, Syrien
und an verschiedenen Orten Europas – schon damals lockte
der Fischfang die Menschen aufs Wasser. Nachweisen kann
man allerdings nur Routen auf Flüssen und Seen oder entlang einiger Küstenstreifen.

Hochseefischerei ohne die Küste in Sichtweite betrieben einige Pioniere dann offenbar ab 7000 v. Chr. zumindest im Mittelmeerraum. Menschen in Zypern, Kreta und Sardinien beispielsweise verfügten über hochseetaugliche Schiffe. Wissenschaftler nehmen heute an, dass nicht etwa die Lust auf Seefisch die Menschen immer weiter aufs Meer trieb, sondern der Handel. Und der kam etwa 3000 v. Chr. mit dem Beginn des Bronzezeitalters so richtig in Schwung.

Wissen

Motor für den Handel: die Bronze

Die Bronzezeit hat den Lebensstil der Menschen völlig verändert. Bronzewerkzeuge waren viel effizienter als Steingeräte und Metallwaffen versprachen Überlegenheit im Krieg.

Als die Menschen gelernt hatten, durch Einschmelzen von Kupfer und Zinn Bronze herzustellen, boomte das Handwerk in nie da gewesener Weise und der Bedarf an dem neuen Werkstoff stieg rapide an. Natürlich versuchten clevere Händler, diese Nachfrage zu bedienen – mit gutem Profit! Ungünstig war zunächst lediglich, dass die Rohstoffe Kupfer und Zinn kaum am selben Ort zu finden waren. Schiffe boten eine hervorragende Möglichkeit, die begehrten Güter in großen Mengen selbst aus entlegenen Ländern in die Handelszentren des Mittelmeeres zu bringen. Dabei waren die Strecken, die die Schiffe zurücklegen mussten, beträchtlich.

Die Phönizier beispielsweise unterhielten nachweislich 1000 v. Chr. regen Schiffsverkehr zwischen ihren Heimathäfen im östlichen Mittelmeer und ihren Kolonien in Spanien und Nordafrika. Sogar zu den Britischen Inseln segelten sie unerschrocken, denn dort lockte Zinn in großen Mengen. Cornwall war so reich an dem begehrten Metall, dass die Phönizier die Britischen Inseln in ihrer Sprache einfach „Zinninseln" nannten.

Eine andere Quelle waren die großen Märkte in Indien, die vor allem von arabischen Händlern über den Indischen Ozean bereist wurden. Ohne den gewaltigen Bedarf an Rohstoffen auf dem Metallmarkt hätte sich die frühe Seefahrt vermutlich nicht so schnell entwickelt und entscheidende Erfindungen wären möglicherweise nicht so früh gemacht worden.

Die Erfindung des Segels war zum Beispiel eine der wichtigsten Voraussetzungen für die Seefahrt auf dem Meer. Die Ursprünge der ersten Segel sind nicht bekannt, aber möglicherweise können die Ägypter auch diesen Erfolg für sich verbuchen. Zumindest stammen von dort, nämlich aus Hierakonpolis, die ältesten Schiffsdarstellungen. Sie zeigen ein Papyrusschiff mit voll geblähtem Segel. Schiffe wie dieses könnten schon vor 5.000 Jahren sowohl auf dem Nil, als auch auf dem Mittelmeer oder dem Roten Meer zum Einsatz gekommen sein. Das Schiff auf dem Wandgemälde hatte ein ziemlich hochgezogenes Heck, ein Steuerruder und sogar eine Art Hütte, in der die Vorgesetzten saßen oder die

Seefahrer Pause machen konnten. Mit Gefährten dieser Art unternahmen die Ägypter vermutlich schon sehr früh weite Handelsreisen.

Die Flotte der Königin Hatschepsut

Über eine dieser spektakulären Handelsexpeditionen liegen sogar schriftliche Überlieferungen vor. Die ägyptische Königin Hatschepsut, eine der bedeutendsten Herrscherfiguren

im Reich am Nil, regierte über 20 Jahre lang. Ihre Zeit als Pharao weist eine unglaubliche Bilanz vor: keine größeren kriegerischen Auseinandersetzungen, dafür aber enormen wirtschaftlichen Aufschwung. Dazu passt ihr Unternehmungsgeist in Sachen Fernhandel.

Um 1500 v. Chr. rüstete sie fünf Handelsschiffe aus, die in das geheimnisumwobene Land Punt reisen sollten, um dort verschiedene Luxusgüter zu beschaffen. Vor allem Myrrhe und Zedern, Ebenholz und Weihrauch sollten die Seefahrer mit nach Hause bringen. Aber auch mit Gold und Elfenbein wurde in Punt gehandelt.

Wissen

Windkraft und Muskeln

Das Schiff der Königin Hatschepsut war mit einem Rahsegel und 30 Ruderern ausgestattet. Auf diese Weise stellte man sicher, dass man bei günstigem Wind segeln konnte, aber auch bei Flaute und Gegenwind wieder zurück nach Ägypten kam. Die Muskelkraft der Ruderer ersetzte die Motorkraft späterer Zeiten.

Leider lässt sich die Strecke, die die frühen Seefahrer damals überwunden haben, heute nicht mit Sicherheit ermitteln, da man noch immer nicht weiß, wo genau das Land Punt lag. Die meisten Wissenschaftler gehen davon aus, dass der legendäre Zielort der Handelsexpedition im heutigen Somalia gelegen haben muss. Das würde bedeuten, dass die ägyptischen Seefahrer bereits eine Stecke von über 4.500 km auf dem Meer zurücklegten.

Hatte der Rohstofftransport während der Bronzezeit den Einsatz von Booten für den Fernhandel erforderlich gemacht, so erblühten in der Folge überall Handelszentren an Häfen. Die Seefahrt wurde so bedeutend für das Schicksal einer Stadt oder eines Landes, dass wir heute von „Seemächten" sprechen. Auf der ganzen Welt experimentierte man mit Einbäumen, Plattenbooten, Rudern, Segeln und dem unterschiedlichsten Zubehör. Von Japan bis zum Mittelmeer übertrafen die Völker einander mit immer leistungsstärkeren Schiffen.

Drachenboote und Transporter

Ab 600 n. Chr. taten sich die ersten Europäer im Segeln und Navigieren hervor. Die Wikinger waren außergewöhnlich gute Schiffsbauer. Neben den gefürchteten Langbooten, mit denen sie ihre blitzschnellen Überfälle machten, konstruierten sie auch große Transportschiffe. Mit der sogenannten „Knorr" gelangten die Nordmänner samt Pferden, Vieh und Fracht sogar nach Island oder Grönland.

Lange Zeit ging man davon aus, dass die Nordmänner selbst bei diesen langen Reisen ohne Navigationsinstrumente auskommen mussten. Sicherlich waren sie vor allem auf ihre Erfahrung angewiesen und orientierten sich am

Wind, den Wellen, Meeresströmungen, der Farbe des Wassers und dem Flug der Vögel. Allerdings experimentierten sie auch schon mit technischen Navigationshilfen. Die Wikinger benutzten zum Beispiel das Lot, um die Wassertiefe zu messen und sich so ein besseres Gesamtbild ihres Standorts zu verschaffen.

Wissen

Navigation mit der Sonne

Mittlerweile wurde ein sogenannter „Sonnenkompass" gefunden. Im Prinzip funktioniert der Sonnenkompass wie eine Art Sonnenuhr. Er besteht aus einer Scheibe, in die eine Skala aus konzentrischen Ringen eingraviert ist. Ein Fortsatz in der Mitte wirft einen Schatten auf die Scheibe. Die Schattenlänge zeigt die Tageszeit an, die Richtung des Schattens die Himmelsrichtung. Mit diesen Informationen konnte der Navigator täglich überprüfen, ob er seinen Kurs hielt.

Die Wikinger schafften es auch als erste Europäer – lange vor Christoph Kolumbus –, bis nach Amerika zu segeln. In Neufundland wurde eine Wikingersiedlung ausgegraben, die zeigt, dass die Skandinavier vermutlich sogar mit den Inuit aus dem hohen Norden Handel trieben. Sie waren sozusagen die ersten Kaufleute mit internationalen Beziehungen.

Eine weitere Blütezeit erlebte die Schifffahrt in Europa dann ab dem 12. Jahrhundert, als die Kaufleute der norddeutschen Hanse mit ihren Koggen die Nord- und Ostsee befuhren. Im Mittelmeerraum machten schnittige Karavellen und die größeren Karacken Spanien und Portugal zu bedeutenden Seefahrernationen. Zu diesem Schiffstyp gehörten auch die Schiffe des Christoph Kolumbus. Kolumbus gilt zwar heute nicht mehr als Entdecker Amerikas, dafür machen aber immer mehr Wissenschaftler auf eine andere seiner Entdeckungen aufmerksam, die die Gesellschaft völlig veränderte.

Der den Wind zähmte

Elmina. Westafrika. 1482

An einem besonders windumtosten Flecken der Goldküste steht ein junger Mann hoch oben auf einer zinnenbesetzten Mauer. Er bemerkt nicht, wie sich die Palmen unter den Kräften der Böen biegen. Sein Blick ist starr aufs Meer gerichtet. Das Getöse der Baustelle scheint er nicht zu hören, nicht einmal, als das Seil eines schwächlichen Holzkrans unter dem Gewicht der Steine zusammenbricht und einige Arbeiter unter Schreien und Fluchen zur Seite springen.

Portugal baut ein Fort in Elmina, um seinen Anspruch auf die hiesige Goldmine gegen europäische Konkurrenten verteidigen zu können. Der junge Mann dient der portugiesischen Krone als Kapitän und hat mit seinem Schiff Material für das neue Bauwerk gebracht. Das Fort ist sowohl Zeichen der Macht als auch Lager für die abgebauten Goldbestände.

Aber der junge Mann ist nicht interessiert an Macht oder Gold. Er hat auf dieser Reise eine Beobachtung gemacht, die ihm nicht mehr aus dem Kopf geht. Als er für seinen Auftrag die afrikanische Westküste entlangsegelte, war ihm an den Stellen, an denen Afrika am weitesten in den Atlantik hinausragt, etwas aufgefallen: Die Winde wehen ab einer bestimmten Entfernung vom Land stets auf den offenen Ozean hinaus.

Diese Entdeckung lässt den Seemann nicht mehr los. Er ist sich sicher, mit diesen konstanten Winden muss es möglich sein, rund um den Erdball zu segeln.

Was er nicht ahnen kann: Seine Entdeckung wird die Seefahrt revolutionieren, den Welthandel ankurbeln und die Gesellschaft ohne Vorwarnung aus dem Mittelalter endgültig in die Neuzeit katapultieren. Der Name des jungen Mannes war **Christoph Kolumbus.**

Kolumbus gingen die regelmäßigen Windsysteme, die er auf seinen Reisen nach Ghana kennengelernt hatte, auch nach seiner Afrikareise nicht aus dem Kopf. Schon bald war in ihm der Plan gereift, den Atlantik in Richtung Westen zu überqueren, aber es dauerte noch bis 1492, bis er seinen Traum in die Tat umsetzen konnte. Sein Ziel war es, eine neue Route nach Fernost zu suchen. Heute kann man kaum noch ermessen, welchen Sprung ins kalte Wasser diese Reise bedeutete. Kolumbus hatte keine Kenntnis davon, ob die Winde, die er an der Küste Westafrikas wahrgenommen hatte, seine Schiffe tatsächlich immer weiter nach Westen tragen oder ob sie abflauen und ihn mitten auf dem Ozean zurücklassen würden. Trotzdem stach Kolumbus schließlich mit drei Schiffen in See.

Wissen

Vielleicht wäre es für Astronauten ein ähnliches Gefühl, wenn sie zu einer Mission auf den Mars aufbrechen würden.

Fünf harte Wochen trieb Kolumbus die Besatzung seiner Schiffe immer weiter nach Westen, aber er behielt recht. Es gab tatsächlich einen Wind, der den gesamten Weg über den Atlantik nach Westen zurücklegt. Allerdings waren Kolumbus' nautische Fähigkeiten weit besser als seine geografischen – er hatte sich die Welt viel zu klein vorgestellt. Statt des fernen Ostens erreichte er die Bahamas. Heute wissen wir, dass Kolumbus ein Windphänomen nutzte, das man Passat nennt.

Der Passatwind

Der Begriff Passat ist an das portugiesische Wort passar angelehnt, was übersetzt „vorbeifließen" bedeutet. Die äußerst beständigen Passatwinde wehen von Nordost oder Südost in Richtung Westen und transportierten die Segelschiffe des Kolumbus wie auf einem Förderband in die neue Welt. Das war eine großartige Sache, half aber wenig, wenn man dort war und wieder nach Hause wollte. Der Passat funktioniert nur in eine Richtung und blies Kolumbus beim Versuch, wieder nach Europa zu gelangen, zunächst steif ins Gesicht. Auf gut Glück wandte er sich nach Norden und stieß dort auf Winde, die genau in die entgegengesetzte Richtung strömten. Gemeinsam formen der Passat und die sogenannte Westwindzone ein gigantisches Windsystem über dem Atlantik.

Insgesamt segelte Christoph Kolumbus noch dreimal nach Amerika und stieß immer auf das gleiche Windsystem. Bei 27 Grad Nord, wehten die Winde von Osten nach Westen, bei 37 Grad Nord bliesen sie von Westen nach Osten. Kolumbus irrte sich bezüglich des Kontinents, den er entdeckt hatte. Er hatte auch unrecht bei seinen Berechnungen der Erdgröße, aber er fand etwas extrem Wichtiges heraus.

Winde wirken zwar auf den ersten Blick chaotisch und unberechenbar, unterliegen aber dennoch gewissen Gesetzmäßigkeiten. Es gelang ihm, die Zirkulation der Atmosphäre zu nutzen, um den Atlantischen Ozean zu überqueren und wieder heil nach Hause zu kommen. Und – wie ein moderner Wissenschaftler – bestätigte er sein Ergebnis: Die Fahrt war nicht zufällig oder aus purem Glück gelungen, sondern ließ sich jederzeit wiederholen.

Das tödliche Dreieck

Mit seiner Entdeckung machte Kolumbus den Weg zur Globalisierung des Handels frei. Jede Ware und jede Person konnten nun von einem Fleck auf der Welt zu einem anderen gebracht werden – und manchmal waren sogar Personen Waren. So schifften sich Menschen aus Europa nach Amerika ein, um dort zu siedeln. Das führte zu Auseinandersetzungen mit den amerikanischen Urvölkern, die durch Kämpfe, mitgebrachte Krankheiten und Versklavung dezimiert und teilweise ausgerottet wurden. In der neuen Welt ließ sich mit Zuckerrohr viel Geld verdienen. Aber wer sollte die Arbeit tun? Die Wege über das Meer machten grausame Lösungen möglich.

Geschäftemacher aus Europa brachten mit ihren Schiffen Konsumgüter und Waffen nach Afrika, wo man mit einigen Völkern der Goldküste (heute Ghana) eng zusammenarbeitete. Diese lieferten Sklaven an die Weißen, die die Europäer wiederum nach Amerika verschifften. Die verschleppten Afrikaner wurden, wenn sie die Überfahrt unter schlimmsten Bedingungen überstanden, zum Arbeiten auf den Baumwoll- und Zuckerrohrfeldern gezwungen. In Amerika wiederum befüllte man Frachtschiffe mit Zuckerrohr, Baumwolle und anderen Gütern und schickte diese nach Europa. Alle an diesem Dreieck des Schreckens beteiligten Händler machten hohe Gewinne.

Die grausamen Zeiten des Sklavenhandels sind glücklicherweise lange vorbei. Die Bedeutung des Seehandels hat in der Zwischenzeit jedoch enorm zugenommen. Die großen Frachtsegler wurden von Dampfschiffen und schließlich motorbetriebenen Frachtern abgelöst. Heute werden über 90 Prozent aller Güter auf den Weltmeeren transportiert. Allein die Zahl der großen Containerfrachter hat sich in den letzten zehn Jahren vervierfacht. Die Hauptrouten auf den Ozeanen gleichen längst Autobahnen, auf denen sich Schiff an Schiff reiht.

Müllhalde Meer

Was diese Massen von Schiffen für die Meere bedeuten, beginnen Wissenschaftler, gerade erst zu verstehen. In der Vergangenheit waren es vor allem die Umweltsünder unter den Schiffseignern, die für kritische Schlagzeilen sorgten. Noch bis in die 1980er-Jahre „verklappte" man Dünnsäure in die damals schon hoch belastete Nordsee.

Das bedeutet, man reinigte nach einem Transport giftiger industrieller Güter das Schiff, indem man die Tanks spülte und das verdünnte Schmutzwasser einfach ins Meer leitete. Erst als Nutzfische wie die Scholle und sogar die großen Meeressäuger an schlimmen Hautkrankheiten und Vergiftungen litten, wurde die Verklappung von Dünnsäure verboten.

Die verbrecherische Praxis, alte Schiffe samt wertloser Müllladungen in den Ozeanen zu „entsorgen" und durch Versicherungsbetrug sogar Geld einzunehmen, ist bis heute weltweit ein ungelöstes Problem. Abgesehen von solchen kriminellen Machenschaften könnte mittlerweile allerdings auch der ganz normale Verkehr auf See schädlich für die Meeresbewohner sein.

Krach unter Wasser

Wissenschaftler erforschen weltweit, welche Auswirkungen der ganz reguläre Frachtverkehr auf die marinen Lebewesen hat. Probleme sehen einige Forscher vor allem in dem Lärm, den Schiffe machen. Meeresbiologen vermuten, dass die Lärmbelastung unter Wasser so groß geworden ist, dass beispielsweise Wale bei ihren Wanderungen die Orientierung verlieren. Walstrandungen und Zusammenstöße von Walen und Schiffen führen sie auf den von Menschen gemachten Krach im Meer zurück. Mittlerweile kämpfen Umweltorganisationen darum, Schifffahrtslinien zu verlegen, denn Wale bewegen sich auf festen Strecken. Da man die Tiere nicht bitten kann, ihre Routen zu ändern, versuchen Walschützer, die Schiffseigner zum Umdenken zu bewegen. An der Westküste der USA konnte man so mit geringem Aufwand die Unfallrate deutlich senken. Leider setzen sich solche Überlegungen weltweit nur sehr langsam durch.

Eine andere Problematik betrifft die unkontrollierte Verteilung der Arten in den Weltmeeren. Im Ballastwasser, das Schiffe zur Stabilisierung aufnehmen, wenn sie nicht komplett ausgelastet sind, oder an den Schiffsrümpfen, führt jedes Frachtschiff Millionen blinder Passagiere mit sich. Nicht alle Lebensformen überleben in fremden Gewässern, aber einige Arten erweisen sich als überaus erfolgreich. In der deutschen Bucht konnten Wissenschaftler bei einer Untersuchung 2006 beispielsweise 62 Arten nachweisen, von denen einige sogar von der anderen Erdhalbkugel stammen.

Manchmal erweist sich eine neue Spezies als Störenfried und kann ein Ökosystem sogar zum Kippen bringen. Das passiert immer dann, wenn neue Arten ihrer Beute so überlegen sind, dass sie diese ausrotten. Gelegentlich sorgen die Newcomer auch dafür, dass Konkurrenten das Nachsehen haben und nicht mehr genügend Nahrung finden. So erging es ab der Mitte des 20. Jahrhunderts zum Beispiel der Europäischen Auster. Sie wurde von der Pazifischen Auster mittlerweile fast völlig verdrängt.

Eingeschleppte Arten können auch Parasiten und Krankheiten übertragen, die für die einheimischen Bestände das Aus bedeuten. Beispiele dafür gibt es viele, sogar an Deutschlands Küste.

Wissen

Fremde Feinde

Nach einer EU-Studie werden allein in Deutschlands Gewässern jede Sekunde 69 fremde Arten im Ballastwasser von Schiffen eingeschleppt. Eine unglaubliche Zahl, die erst glaubhaft wird, wenn man weiß, dass jedes moderne Transportschiff rund 100.000 Tonnen Ballastwasser mit sich führt. Davon wird rund ein Drittel an den Zielhäfen abgelassen.

Beschränkungen für das Ablassen von Ballastwasser könnte die unkontrollierte Ausbreitung vieler Arten eindämmen. Grundsätzlich ist hier auch noch eine Menge Forschung nötig, wenn man wirklich abschätzen will, wie sich die Verschleppung von Arten in Zukunft auswirken könnte und wie man möglicherweise fatale Folgen für viele Gebiete der Weltmeere abwenden kann.

Schifffahrt ist eine wichtige, aber nicht die einzige Art, wie wir die Ozeane nutzen, eine andere ist Bergbau und die Förderung von Erdgas und Erdöl. Es stellt sich schon lange nicht mehr die Frage, wie man eine drohende Katastrophe abwenden kann, die Menschheit hat längst einen Status quo erreicht, in dem „Disaster Management", also die Verwaltung von Katastrophen, mehr und mehr zum Alltag gehört.

Logbuch einer Katastrophe

Los Angeles Times vom 23. Juli 2010.
Nach der Aussage von Mike Williams, Techniker auf der „Deepwater Horizon" vor dem Untersuchungsausschuss

Der erste Hinweis auf die Explosion ist ein Zischen. Mike, der als Techniker auf der Ölbohrinsel „Deepwater Horizon" arbeitet, telefoniert gerade im Büro mit seiner Frau, als der Lautsprecher am Bohrturm einen Anstieg der austretenden Gasmenge meldet. Mike hat keine Angst, denn Meldungen dieser Art gehören zum Alltag. Wenn die Gasmenge eine bestimmte Obergrenze überschreitet, muss das Bohren und Mahlen eben unterbrochen werden. Das ist alles. Doch heute ist irgendetwas anders als sonst und Mike fängt an, sich Sorgen zu machen. Im nächsten Moment hört er einen dumpfen Schlag. „Liebling, ich muss nachsehen, was los ist", sagt er irritiert ins Telefon und legt auf.

Sekunden später hört er aus dem Schacht, der in den Kontrollraum für die Motoren führt, ein lautes Piepen. Piep-piep-piep-piep-piep macht es und Mike fragt sich verwirrt, warum der Alarm nicht längst abgestellt ist. Spielt eine der Überwachungsstationen verrückt? Mike reißt sich zusammen. Er muss herausfinden, was nicht stimmt. Links von ihm, ganz in der Nähe, hört er Motor 3, der versucht, wieder anzuspringen. Mike schiebt seinen Stuhl zurück, um aufzustehen. Da fliegt der Computermonitor direkt vor ihm in die Luft.

Alle Lampen in Büro zerspringen. Der Motor nebenan hat sich immer schneller gedreht, ausgesetzt und ist schließlich explodiert. Die Druckwelle ist so stark, dass sie die Tür aufdrückt und Mike quer durch sein Büro schleudert. Innerhalb von Sekunden beginnt das Feuerlöschsystem, Kohlendioxid abzulassen. Mike kann weder atmen noch etwas sehen. Er kriecht über den Boden, um aus seinem Büro herauszugelangen. Seinen Weg beleuchtet nur eine stiftgroße Taschenlampe, die er zwischen seine Zähne geklemmt hat. Endlich schafft er es zur nächsten Tür. Als er den Türgriff erreicht, wird die Tür von einer zweiten Explosion erschüttert und

Mike um zehn bis zwölf Meter rückwärts gegen eine Wand geschleudert.

Ein Arm und ein Bein sind verletzt, aber Mike weiß, dass er nach draußen muss, um atmen zu können. Er kriecht durch den Kontrollraum für die Motoren und über die Leichen zweier Männer hinweg. Sobald er draußen ist, wendet er sich nach rechts und sieht, dass ein Teil des Bohrturms verschwunden ist. Es gibt keinen Gang mehr und kein Treppenhaus. Einen Schritt weiter und Mike würde ins Wasser stürzen. Die Wand und der Handlauf neben dem Motorblock 3 sind nicht mehr da. Er überlegt, ob er ein Rettungsboot zu Wasser lassen soll, dann erinnert er sich jedoch, dass er in einem solchen Notfall einen bestimmten Posten erreichen soll. Seinen ersten Notfallposten - sein Büro - gibt es nicht mehr. Also wendet er sich zur Brücke. Auf dem Weg sieht er, dass das Führerhäuschen für den Bohrer und der halbe Bohrer in Flammen stehen. Dann bemerkt er die eigentliche Katastrophe: Öl sprudelt unkontrolliert aus dem Bohrloch!

Mike schafft es bis zur Brücke. Er berichtet dem Kapitän: „Wir haben keinen Antrieb! Wir haben keine Energie! Wir müssen die Plattform verlassen!"

Der Kapitän sieht Mike verwirrt an, wie ein Reh im Scheinwerferlicht. Mit auf ein entferntes Ziel gerichtetem Blick antwortet er: „Beruhigen Sie sich. Setzen Sie sich hin. Wir arbeiten daran." Mikes Vorgesetzter, der Chefingenieur der Plattform, bemerkt Mikes blutende Kopfwunde, aber es gibt kein Verbandszeug. Schließlich versucht er, die Blutung

mit Toilettenpapier zu stoppen. Er schlägt vor, den Hilfs-
generator zu starten, um Licht für die Reparatur der Motoren zu haben. Niemand ist bereit, ihn zu begleiten, als er
sich auf den Weg in Richtung Generatorraum in der Nähe
des brennenden Bohrers macht. Erst als der verletzte Mike
sich anschließt, erklärt sich noch ein dritter Mann bereit.

Aber das Trio schafft es nicht, den Generator in Gang zu setzen.
Auf dem Rückweg müssen sie feststellen, dass das Rettungsboot Nummer 1 nicht mehr an seinem Flaschenzug hängt.
Es ist bereits ins Wasser gelassen worden und verschwunden.
Als sie die Brücke erreichen, stellen sie fest, dass der Kapitän
den Befehl gegeben hat, die Bohrinsel zu räumen. Mike kehrt
zu den Rettungsbooten zurück, aber auch Boot Nummer 2 ist
nicht mehr da. Ihm ist klar, dass die Rettungsboote nicht zu-
rückkehren, wenn sie erst einmal zu Wasser gelassen sind,
denn die Bohrinsel hat keine Energie mehr für die Winden.

Beide Rettungsboote auf der Vorderseite der Bohrinsel
sind fort. Jemand macht den Vorschlag, sich zur Rückseite
durchzuschlagen. Sie versuchen also, einen Weg zu finden,
laufen quer durch kleinere Explosionen, hören Knack- und
Berstgeräusche und haben große Angst, dass die Bohrinsel
komplett zusammenbricht. Schließlich erreichen sie die andere Seite. Als sie die Rettungsboote besteigen, hat das Feu-
er bereits das obere Ende des Bohrers erreicht. Schutt fällt
herunter und Asche fliegt überall herum. Rauch und Hitze
sind unerträglich. Aber es dauert eine Weile, bis das erste
Rettungsboot bereit ist. Mike befürchtet schon, dass es wegen der Hitze platzen und alle Insassen töten könnte.

Als das Boot endlich abgeseilt wird, bleiben drei Menschen auf der Bohrinsel zurück. Zu wenig Platz. Mike ist unter ihnen und ihm ist klar, dass nicht mehr genug Zeit ist, ein Boot zu finden. „Wir können hier stehen bleiben und sterben oder wir springen", sagt er zu den anderen beiden.

Als Mike ins Wasser eintaucht, kann er zunächst nichts sehen - er ist völlig in Öl gehüllt. Er schlägt um sich, fühlt weder Schmerz noch Hitze und denkt nur noch: Das war's. Jetzt bin ich tot.

Einige Zeit später erwacht Mike jedoch wieder. Schmerz und Hitze sind zurückgekehrt. Ich muss schwimmen. Ich muss jetzt schwimmen!, ist nun sein einziger Gedanke. In der Entfernung hört er eine schwache Stimme: „Hierher, hierher!!!" Er schwimmt, so schnell er kann, bis ihn endlich jemand aus dem Wasser zieht.

Wie viel Öl verträgt der Ozean?

Elf Menschen fanden bei dem furchtbaren Unglück auf der Öl-Bohrinsel „Deepwater Horizon" am 20. April 2010 den Tod. Mike Williams war eines der Besatzungsmitglieder, die gerettet werden konnten.

Dieser schlimme Sachverhalt allein sollte eigentlich ausreichen, um Behörden und Wirtschaft dazu zu zwingen, sich über Sicherheitsstandards und Genehmigungsverfahren beim Tiefseebergbau noch mehr Gedanken zu machen als zuvor. Aber die toten Mitarbeiter traten schnell in den Hintergrund, denn die Katastrophe der **Deepwater Horizon** hatte gerade erst begonnen. Zwei Tage nach den Explosionen versank die Förderplattform und hinterließ der Welt in 1.500 Metern Tiefe ein Leck, aus dem ununterbrochen Öl austrat.

Die Explosion auf der „Deepwater Horizon" war die bisher schwerste Katastrophe auf einer Ölplattform.

Bereits kurz nach dem Untergang beobachteten Wissenschaftler einen Ölteppich, der acht Kilometer lang und über einen Kilometer breit war. Schon nach wenigen Tagen umfasste die Ölfläche fast 10.000 Quadratkilometer. Unvor-

stellbare Mengen Öl sind seither aus dem Bohrloch heraus-
gesprudelt. Wie viel genau, darüber wurde lange gestritten.

Wissen

Millionen Liter Öl im Meer

Die ersten Schätzungen gingen weit auseinander. Zunächst be-
hauptete BP, der Betreiber der explodierten Ölplattform, dass
täglich etwa 800.000 Liter Rohöl ins Meer gelaufen seien. Of-
fizielle Schätzungen mussten dagegen aufgrund der Größe des
Ölteppichs und verschiedener Messungen von fast zehn Millionen Litern pro Tag ausgehen. Insgesamt sollen den Golf von
Mexiko um die 780 Millionen Liter Rohöl verunreinigt haben.

Dass der Konzern BP sehr daran interessiert war, die Zahlen
klein zu halten, hatte weniger mit schlechtem Gewissen zu
tun. Mit dem Öl sprudelte für den Ölgiganten bares Geld in
die blaue Tiefe. Nicht nur das Öl selbst war für die künftige
Förderung verloren, die amerikanischen Umweltgesetze sahen außerdem vor, dass für jedes ausgelaufene Barrel (ungefähr 159 Liter) mindestens 1.100 Dollar Strafe zu zahlen
waren. Auf BP rollte zudem eine der größten Klagewellen
der Geschichte zu. Neben den US-Behörden forderten viele
Privatkläger einen Ausgleich für ihre Verluste. 7,8 Milliarden
Dollar Schadensersatzleistungen musste der BP-Konzern bereits an Betroffene zahlen, mit weiteren Klagen in Milliar-
denhöhe wird gerechnet.

In den ersten drei Monaten der Katastrophe gab es kaum einen Tag ohne Berichterstattung über den Golf von Mexiko. Unter dem Druck der Öffentlichkeit versuchte der BP-Konzern mit allen Mitteln, das Öl am Ausfließen zu hindern. Man setzte rund 6,8 Millionen Liter Chemikalien ein, vor allem das hochgiftige Corexit. Diese Maßnahme sollte das Öl in die Tiefe drücken und dort verteilen. Man erhoffte sich offenbar, dass Bakterien das Öl leichter abbauen konnten. Tatsächlich führte das Lösungsmittel vor allem zu einem Absinken des Ölteppichs und verhinderte damit, dass große Mengen an die Strände gespült wurden. Das sah zwar besser aus, half der Umwelt aber nicht unbedingt weiter. Viele Umweltschützer sind sogar der Meinung, dass das zusätzlich verbreitete Corexit eine noch katastrophalere Wirkung auf die Lebensräume im Meer gehabt habe als Rohöl allein.

Unter Wasser versuchte BP währenddessen fieberhaft, dem Ölschwall Einhalt zu gebieten. Es sprudelte und sprudelte – sowohl aus dem Ende des Steigrohrs, das beim Sinken der *Deepwater Horizon* abgerissen war, als auch aus zwei Nebenlecks. Und dann begann eine Serie von groß angekündigten Rettungsunternehmungen, die vor allem durch eines hervorstachen: durch medienwirksame Ankündigungen.

Nach halbherzigen Experimenten mit Tauchrobotern und Absaugvorrichtungen folgten Unternehmungen mit klangvollen Namen wie „Top Kill"- „Static Kill"- und „Bottom Kill"-Bohrungen. Diese Methoden sahen vor, die Ölquellen jeweils anzubohren und ein Schlamm- und Zementgemisch einzuleiten. Der Schlamm sollte dazu dienen, den Ölfluss zu dämmen. Sobald der schnell abbindende Zement hart war, sollte er die Öffnungen dauerhaft verschließen.

Wissen

Der Unterschied der drei Methoden besteht darin, an welcher Stelle man den Bohrer ansetzte. Bei *Top Kill* versuchte man es direkt an den Austrittsstellen und scheiterte, weil die Auskleidung des Lochs im oberen Bereich beschädigt war und Schlamm und Zement ins umgebende Gestein gedrückt wurden. Mit *Static Kill* visierten die Spezialisten einen mittleren Bohrbereich an und mit *Bottom Kill* versuchte man, dem Fuß des Bohrlochs zuleibe zu rücken.

Am 6. August 2010 gab BP schließlich bekannt, dass das Leck mithilfe der „Static Kill"-Methode vorläufig abgedichtet sei. Es dauerte aber noch ganze fünf Monate bis der Konzern das Bohrloch endlich für „tot" erklären konnte. Mit „Bottom Kill" waren offenbar auch die letzten Hohlräume mit gehärtetem Zement gefüllt und die Gefahr damit langfristig gebannt worden.

Der schwarze Tod

Für die Ozeane kann selbst Jahre nach der schwersten Ölkatastrophe aller Zeiten nicht endgültig Bilanz gezogen werden. Noch immer gibt es mehr Meinungen als Erkenntnisse, mehr Interpretationen als Fakten. Offensichtlich betroffen ist das Mississippi-Delta. Das Unglück erreichte die Küsten mitten in der Brutsaison. Rund 34.000 Seevögel brüteten allein auf den Chandeleur-Inseln vor Louisiana, zum Beispiel auch der **Braunpelikan** und die Königsseeschwalbe. Als das Öl in ihre Jagdgebiete floss, versuchten zwar Hunderte von Naturschützern, die verklebten Vögel aufzusammeln, aber die Erfolgsaussichten für die meisten Tiere standen von Anfang an schlecht. Zwar kann man die Ölschicht aus dem Gefieder waschen, aber die verzweifelten Opfer hatten meist schon selbst versucht, den Ölfilm zu entfernen, und sich dabei vergiftet. Von Zehntausenden gereinigten Vögeln überlebten letztlich nur wenige Hundert.

Am Golf von Mexiko waren außerdem Wattvögel und Reiher in hohem Maße betroffen. Kamen die Altvögel im Ölteppich um, hatten die Jungvögel keine Chance. Rund 500 Arten wurden stark dezimiert. Neben vielen Vogelarten traf auch Fische, Meeresschildkröten und die vom Aussterben bedrohte Seekuh der schwarze Tod. Über 100 verendete Wale und Delfine wurden geborgen und die Zahl der Todgeburten bei Delfinjungen hat sich mittlerweile verdreifacht.

Wissen

Endlose Folgen?

Forscher und Naturschützer glauben, dass sich unter der Wasseroberfläche noch Schlimmeres verbirgt. Sie vermuten, dass weder Öl noch Corexit endgültig verschwunden sind. Vielmehr sind beide Stoffe auf den Meeresgrund abgesunken und richten dort offenbar irreparablen Schaden an.

Schon kurz nach der Katastrophe waren die Forscher auf zerstörte Austernbetten und Korallenbänke gestoßen. Zwei Jahre später schlugen Meeresbiologen Alarm, weil das Korallensterben sich bedenklich ausgeweitet hatte und sogar noch 20 Kilometer von der Unfallstelle entfernt und in großer Tiefe die Korallenpolypen eingingen. Grund dafür ist offenbar eine flockige Schicht aus öligem Material, das die Korallen überzieht. Bei mehreren Tauchrobotereinsätzen fanden die Wissenschaftler noch in 1.370 Meter Tiefe Korallen, die auf-

184

grund dieser Flocken ihr Gewebe verloren hatten. Eine Auswertung der Proben zeigte, dass die Ölflocken aus den Bohrlöchern der *Deepwater Horizon* stammten. Wie dramatisch die Schäden an den Korallen tatsächlich sind, kann man noch immer nicht ermessen, weil sich diese Baumeister der Meere sehr langsam entwickeln und sehr alt werden können. Niemand kann abschätzen, ob und in welchem Zeitraum sie sich von der Zerstörung erholen werden.

Die Förderung und der Transport von Öl birgt viele Gefahren. Das Unglück der *Deepwater Horizon* war möglicherweise die schwerste Ölkatastrophe der gesamten Geschichte, aber längst nicht die einzige.

Historisch bedeutende Ölunfälle

Jahr	Bezeichnung	Eigner	Unglücksort	Freigesetzte Menge in Tonnen	Ursache
1910	Lakeview Gusher	Lakeview Oil Company	nähe Taft (Kalifornien)	1.230.000	Bohrunfall
1950	Ölpest von Greenpoint	Standard Oil Company und andere	Greenpoint, Brooklyn	55.200 bis 97.400	Ausfluss aus Ölraffinierien
1960	Ölpest im Nigerdelta	Shell, Chevron, ExxonMobil und Total	Nigerdelta	1.500.000	Veraltete Pipelines, Sabotage und illegales Anzapfen der Pipelines
1967	Torrey Canyon	Unocal (USA), gechartert von BP (GB)	vor der Küste Südenglands	119.000	Tankerunglück, Kollision mit Riff
1969	Julius Schindler	Ernst Russ, Hamburg	Ponta Delgada, Azoren	9.000 bis 90.000	Tankerunfall

Jahr	Bezeichnung	Eigner	Unglücksort	Freigesetzte Menge in Tonnen	Ursache
1971	Texaco Denmark	Texaco Overseas Tankship Ltd., London	Nordsee	100.000 oder mehr	Tankerunfall
1972	Sea Star	Korea	Golf von Oman	115.000	Tankerunglück, Kollision mit Tanker Horta Barbosa
1978	Amoco Cadiz	BP (GB)/ Amoco (USA)	vor der bretonischen Küste	223.000	Tankerunglück
1979	Ixtoc I	PEMEX	Golf von Mexiko	400.000 bis 1.400.000	Unglück auf einer Ölplattform, Blow-out
1979	Atlantic Empress	griechisches Schiff, in Liberia registriert	vor Tobago, Karibische Inseln	287.000	Tankerunglück, Kollision mit dem Tanker Aegean Captain
1980	Irenes Serenade	in Griechenland registriert	Bucht von Navarino	100.000	Tankerunglück, Explosion und Brand
1983	Nowruz-Ölfeld	Keine Angaben	Persischer Golf	260.000	Kollision Tanker mit Bohrinsel, Kriegsfolgen des ersten Golfkriegs
1983	Castillo De Bellver	Keine Angaben	Saldanha Bay, Südafrika	252.000	Tankerunglück, Brand
1988	Odyssey	Keine Angaben	Kanada	132.000	Tankerunglück
1991	Haven	Amoco (USA)	Golf von Genua, Italien	144.000	Tankerunglück, Brand
1991	Ölpest am Persischen Golf 1991	Keine Angaben	Südkuwait, Saudi-Arabien	800.000 bis 1.700.000	Kriegsfolgen des zweiten Golfkriegs
1991	ABT Summer	Keine Angaben	1.000 km vor Angola	49.000 bis 255.000	Tankerunglück
2010	Ölpest im Golf von Mexiko 2010	BP	Golf von Mexiko	500.000 bis 1.000.000	Unglück auf Bohrinsel Deepwater Horizon, Blow-out

Immer wieder werden größere und kleinere Lecks von Öl-plattformen gemeldet, kürzlich sogar von einer Bohrinsel in der Nordsee. Trotzdem geht die Suche nach immer neuen Ölvorkommen ungebremst weiter und die großen Firmen fassen immer mehr Bohrstellen in der Tiefsee ins Auge. Sogar am Nordpol sollen nach dem Willen der Ölgiganten in Zukunft Bohrinseln aus dem Meer sprießen.

Wissen

Klimaerwärmung als Wirtschaftsfaktor!

Unter der Arktis vermuten Wissenschaftler riesige Ölvorkommen, die momentan wegen des Eises nicht gefördert werden können. Sobald die Eisschilde der Polarregion abgeschmolzen sind, steht dem Abbau jedoch nichts mehr im Wege. Ironie des Schicksals: Ausgerechnet der Industriezweig, der die Klimaerwärmung zu einem gewaltigen Teil verursacht, wird vermutlich auch noch am Verlust der Polarregionen verdienen. Selbst BP bietet mit, um an Bohrlizenzen in der Arktis heranzukommen.

Öl oder Erdgas sind nicht die einzigen Stoffe am Meeresboden, die die Begehrlichkeiten der Industrie wecken. Da an Land immer weniger Rohstoffe zu finden sind, versucht man, mit allen Mitteln an die Ressourcen der Ozeane zu gelangen.

Ein neues Kapitel in der Geschichte des marinen Bergbaus beginnt gerade erst. Das Zauberwort heißt Methanhydrat.

Methan ist ein Gas, das von der Industrie vielfältig genutzt wird, unter anderem als Brennstoff. In den Ozeanen haben sich überall dort, wo der Druck sehr hoch und die Temperaturen sehr niedrig sind, Methanhydrate abgelagert. Das heißt, gefrorenes Wasser hat den wertvollen Rohstoff umschlossen und sich am Meeresgrund abgesetzt.

Einige Wissenschaftler glauben nun, die Gewinnung der Methanhydrate könnte zur Lösung der weltweiten Energieprobleme beitragen. Das Methanhydrat stellt allerdings eine weit größere Herausforderung dar als die Ölförderung der Gegenwart. Während des Abbaus würde zwangsläufig Methan in die Erdatmosphäre gelangen. Unglücklicherweise ist dieser Stoff ein viel stärkeres Treibhausgas als Kohlendioxid. Die Klimaerwärmung würde durch Methanabbau also noch zusätzlich verstärkt werden.

Außerdem weiß noch niemand so genau, wie sich die Entnahme des Stoffes auf den Meeresboden auswirkt. Die besten Voraussetzungen für Methanbildung herrschen an den Kontinentalhängen, also an den Übergängen zwischen Landmasse und Meeresboden. Man kann sich gut vorstellen, dass solche Hänge leicht ins Rutschen geraten, wenn man Teile aus ihnen entfernt. Seebeben und Tod bringende Tsunamis halten Wissenschaftler für eine durchaus wahrscheinliche Folge des Methanabbaus in der Tiefsee. Nicht zu vergessen: Methan ist nicht nur ein Roh- sondern auch ein Giftstoff.

Giftwolke im Tethysmeer

In einem türkisblauen Schelfmeer, dessen Wellen sich sanft an den Küsten zahlreicher Inseln brechen, herrscht reges Leben. Gewaltige Fischschwärme ziehen glitzernd ihre Bahnen. Schlangenhals- und Fischsaurier attackieren die Schwärme, treiben sie auseinander und fangen sich – scheinbar mühelos – ihren Teil aus den silbernen Massen, die blitzartig wie ein einziges großes Wesen ihre Richtung ändern. Doch plötzlich ist alles anders.

Ohne ein warnendes Vorzeichen setzt das große Sterben ein. Die Fischschwärme brechen auseinander. Hunderttausende Tiere sinken erstickt zu Boden, andere versuchen zu flüchten. Umsonst. Selbst die großen Meeressaurier kommen nicht davon. Zwar überleben sie etwas länger, weil sie Luft atmen und das Gift nicht wie die Fische durch ihre Kiemen aufnehmen. Aber sie verschlucken tödliche Mengen und auch durch die Haut findet das Gift seinen Weg.

Eine solche Szene muss sich vor 181 Millionen Jahren in der Nähe von Eislingen im heutigen Baden-Württemberg abgespielt haben. Wissenschaftler entdeckten vor einiger Zeit die zunächst unerklärlichen Überreste dieses Massensterbens im urzeitlichen Tethysmeer. Man entdeckte Meeressaurier und Fische in so großen Mengen, dass sie nicht im Verlauf eines größeren Zeitraums gestorben sein können, sondern alle durch ein einziges Ereignis dahingerafft worden sein müssen. Mittlerweile glauben die Forscher, dass Methanhydrat die Meeresbewohner getötet hat. Etwa 700 Kilometer entfernt soll die Substanz, die bis dahin festgefroren auf dem Meeresgrund gelagert hatte, abrupt aufgetaut sein. Als Grund für die explosionsartige Freisetzung des Methans vermuten einige Forscher eine Klimaerwärmung zur damaligen Zeit. Die giftige Wolke aus Methan und Schlamm vom Meeresgrund fand schließlich ihren Weg bis in das flache Schelfmeer Tethys und tötete all seine Bewohner. Auch die Klimaerwärmung der Gegenwart könnte in naher Zukunft zu tödlichen „Blow-outs" von Methanhydrat in den Weltmeeren führen. Die Folgen wäre ein Massensterben unter den Meeresbewohnern. Das Klimagas Methan könnte noch problematischer für die Ozeane sein als beispielsweise Kohlendioxid (CO_2), das in den Medien häufig als „Treibhausgas" und „Klimakiller" bezeichnet wird.

Viel zu sauer!

Kohlendioxid gelangt nicht nur aus unseren Schornsteinen in die Atmosphäre und sorgt dort für eine Erwärmung der Atmosphäre, es sammelt sich auch in den Weltmeeren an. Dort macht es das Wasser sauer. Die Wesen, die saures Wasser und Klimaerwärmung am wenigsten vertragen, sind Korallen. In zu saurem Wasser gelingt es ihnen nicht mehr, Kalkgehäuse zu errichten. Dem Einzelschicksal einer Koralle mag man wenig Beachtung schenken, aber insgesamt gehen damit sowohl die Baumeister als auch die Baustoffe für die großen Riffe verloren. Von den Riffen sind jedoch zahllose Lebewesen abhängig, die hier Verstecke vor ihren Feinden oder Schutz für ihre Jungen finden. Einige Räuber legen sich hier im Hinterhalt auf die Lauer und benutzen das Riff als Deckung. Wenn die Korallen also sterben, dann tun sie das nicht allein, sondern mit ihnen auch die zahlreichen Riffbewohner. Wissenschaftler gehen davon aus, dass Korallen schon in wenigen Jahrzehnten verschwunden sein werden, wenn der Kohlendioxidausstoß nicht drastisch gesenkt wird.

Wie schützt die Politik die Meere?

Globales Treibhaus

Da klimatische Veränderungen bekanntlich nicht an Staatsgrenzen haltmachen, greift Klimaschutz und damit auch Meeresschutz nur, wenn global gehandelt wird. Das ist ganz und gar nicht einfach durchzusetzen, da alle Staaten eigene Interessen haben, die denen anderer widersprechen.

Wissen

Klimaschutz und Konventionen

Ein Schritt in die richtige Richtung war die Klimarahmen-Konvention von Rio de Janeiro 1992. Damals wurde unter anderem vereinbart, den Ausstoß der Treibhausgase so zu begrenzen, dass sich die Natur ohne zusätzliche Maßnahmen den Klimaänderungen anpassen kann und die Nahrungsmittelerzeugung nicht bedroht wird. Dies war nach Meinung der Forscher möglich, wenn die globale Temperatur nicht mehr als zwei Grad Celsius über den Wert vor der Industrialisierung im 19. Jahrhundert steigt.

Insgesamt 189 Staaten bestätigten die Rio-Konvention und 1997 verpflichtete sich im japanischen Kyoto ein Großteil der Industriestaaten, die Vereinbarungen umzusetzen und die Emission von Treibhausgasen bis 2012 um mindestens fünf Prozent im Vergleich zu 1990 zu senken. Die sogenannten Entwicklungsländer erhielten vorerst keine Auflagen.

Immerhin 180 Staaten haben das Kyoto-Protokoll ratifiziert. Allerdings bröckelte die Bereitschaft bei einigen, die wirtschaftliche Einschränkungen fürchteten. Die Vereinigten Staaten von Amerika gehören nach wie vor zu den größten Klimasündern in Sachen Kohlendioxid und sind noch immer nicht bereit, Klimaschutz zu betreiben, weil die Wirtschaftskapitäne zu große Einbußen fürchten.

Seither gab es immer wieder Weltklimagipfel, doch der große Durchbruch in Sachen Umweltschutz blieb aus: Bali, Kopenhagen – keine dieser Konferenzen brachte mehr zustande als Minimallösungen. In Cancún 2011 und Durban 2012 zeichnete sich dann eine leichte Trendwende ab. Immerhin verlängerte man das Kyoto-Protokoll jeweils um ein Jahr und versprach, dass neue Reduktionsziele endlich während der 18. UN-Klimakonferenz in Katar, Ende 2012 , festgelegt werden sollen. Eine globale Regelung wie das Kyoto-Abkommen soll aber erst bis 2015 erarbeitet und beschlossen werden. 2020 kann der internationale Vertrag jedoch frühestens in Kraft treten. Umweltschützer kritisieren, dass sich diese Verhandlungen viel zu lange hinziehen, aber die unterschiedlichen Staaten haben ganz verschiedene Bedürfnisse. Der Klimaschutz hat nicht für alle die gleiche Priorität.

Viele Länder der Welt streben eine industrielle Entwicklung an, wie sie in Europa und den USA stattgefunden hat. Die Bevölkerung möchte den gleichen Lebensstandard erreichen wie in den Industriestaaten üblich, also zum Beispiel ein größeres Einkommen, eine eigene Wohnung, ein Fahrzeug und eine Vielzahl von Dingen des täglichen Lebens von der Cola bis zum Flachbildschirm. Im Vordergrund des Interesses steht ganz klar der Wunsch, schnell zu einer leistungsfähigen Industrie und Wirtschaft zu kommen. Umweltschutz wird oft als Hemmschuh gesehen. Bei anderen Ländern jedoch, die wir häufig als „Entwicklungsländer" bezeichnen, geht es für die Menschen oft ums reine Überleben.

In beiden Fällen halten einige Industriestaaten mittlerweile „Ausgleichszahlungen" für eine gute Investition. Die Idee ist einfach, aber genial: Die Industrieländer unterstützen ärmere Staaten mit Geld, Erfahrung und Technologie vor Ort, damit deren Entwicklung sozusagen direkt zu umweltfreundlichen Technologien führt – ohne den Umweg über CO_2-Massenproduktion und Abfallberge. Der Vorteil für alle ist klar: Die ärmeren Länder können sich schnell entwickeln und Luft und Wasser bleiben sauberer. Leider hapert es – wie so oft – an der Umsetzung. Die Prozesse schreiten nur sehr zäh voran und das eigentliche Ziel scheint oft hinter kleinlichen Eigeninteressen zurückzutreten.

Was tut die Bundesregierung?

Deutschland ist eines der wenigen Industrieländer, die den Ausstoß von Treibhausgasen reduzieren konnten. Windenergie hat bei der Stromerzeugung aus erneuerbaren Energien in Deutschland mit rund fünf Prozent den höchsten Anteil am Stromverbrauch. Bereits 2006 hat sich die Bundesregierung zum ersten Mal mit Vertretern der Energiewirtschaft zum sogenannten Energiegipfel getroffen.

Wissen

Im August 2007 wurde vom Deutschen Bundestag das Integrierte Energie- und Klimaschutzprogramm (IEKP) verabschiedet, es definiert die grundlegenden Klimaschutzziele Deutschlands bis zum Jahr 2020:

1. die Treibhausgasemissionen in Deutschland sollen um 40 % gegenüber 1990 gesenkt werden,
2. der Anteil erneuerbarer Energien an der Stromerzeugung soll bei mindestens 30 % liegen,
3. der Anteil erneuerbarer Energien an der Wärmeerzeugung soll 14 % betragen,
4. der Anteil von Biokraftstoffen soll ohne die Gefährdung von Ökosystemen und Ernährungssicherheit ausgebaut werden.

Seither folgten weitere Gipfel und Gespräche, die zum Ziel hatten, ein nationales energiepolitisches Konzept zu entwickeln, das gemeinsam von Politik und Wirtschaft getragen wird. Hinter diesen Bemühungen steckt die Hoffnung, einen sinnvollen Beitrag dazu zu leisten, dass die globale Temperatur nicht auf gefährliche Weise weiter steigt. Ob die Rechnung aufgeht, wird stark davon abhängen, wie sehr auch andere Länder bereit und in der Lage sind, den Ausstoß ihrer Treibhausgase zu verringern.

Fangquoten und ihre Durchsetzung

Ein ähnlich kompliziertes Thema wie ein gemeinsamer Klimaschutz ist die weltweite Absprache von Fangquoten. Unter einer Fangquote versteht man eine definierte Menge Wassertiere, die während eines festgelegten Zeitraums in einem bestimmten Gebiet gefangen werden darf.

Die Gesamtfangzahlen für eine Fischart nennt man *Total Allowable Catch*, abgekürzt TAC. Sinnvoll wäre es nun, Wissenschaftler errechnen zu lassen, wie hoch der TAC sein darf, damit sich genügend Tiere fortpflanzen können und im folgenden Jahr die Zahlen nicht weiter sinken. Bislang werden die Fangquoten international jedoch eher nach politischen und wirtschaftlichen Überlegungen festgesetzt, sodass man der Überfischung nur halbherzig entgegenwirkt. Viele Arten sind deshalb zum Aussterben verurteilt.

Das Verrückte an der Überfischung ist, dass sie nicht

einmal denen wirklich nutzt, die kurzfristig zu profitieren scheinen. Dafür gibt es genügend Beispiele. Zu Beginn der 1990er-Jahre rottete die Fischindustrie an der kanadischen Küste des Atlantiks den Kabeljau nahezu aus. Ein paar Jahre hatten die Fischer gut verdient, aber dann wurden in kürzester Zeit 40.000 von ihnen arbeitslos, weil kaum noch Fisch zum Fangen übrig war. Die gleiche Geschichte hat sich bis heute an vielen Küsten der Welt wiederholt und am Ende leben die Fischer unter wesentlich schlechteren Bedingungen als jemals zuvor.

Wissen

Zu kurz gedacht

Überfischung schadet also nicht nur den Fischen, sondern auch den Fischern. Fangquoten könnten ein sinnvolles Instrument zum Fisch- und Walschutz sein, aber nur, wenn ihre Höhe an den Beständen orientiert ist und nicht an kurzfristigen wirtschaftlichen Zielen wie etwa den Arbeitsplätzen in der Fischindustrie.

Könnte man sich international darauf einigen, Fischbestände zu entlasten, die vom Aussterben bedroht sind, hätten nicht nur die Schwärme, sondern auch die Fischindustrie eine Überlebenschance. Leider scheitern politische Gespräche zu diesem Thema immer wieder. Aber selbst in den Fällen, in denen es Quoten und einen wirklichen Willen zur Verbesserung der Situation gibt, verhindert oft die Piratenfischerei den richtigen Weg.

Fischpiraten

Weltweit fehlt es an Personal, um die Einhaltung der internationalen Absprachen zu kontrollieren. Da mit Fisch viel Geld zu verdienen ist, sind die illegalen Fischer technologisch viel weiter aufgerüstet als die Kontrollbehörden. Mit Hubschraubern lassen sie die Fischschwärme suchen und verarbeiten den Fang noch an Bord so schnell und effizient, dass ganze Schwärme ausgelöscht werden, ohne dass irgendjemand eingreifen kann. Die gewaltigen Dimensionen der Ozeanflächen machen eine Überwachung völlig unmöglich. Selbst die Küstengebiete können nur stichprobenartig überprüft werden.

Intelligenter Fischfang und Schutzgebiete

Um den Schaden, den wir mit der „Bewirtschaftung" der Meere anrichten, zu begrenzen, wären auch neue Wege in der Technik des Fischfangs wichtig. Wenn Jungfische und der sogenannte Beifang – also alle Tiere, die der Fischer gar nicht fangen wollte – nicht immer mit ins Netz gingen, wäre den Lebensgemeinschaften unter Wasser viel geholfen. Heute wird der Beifang einfach irgendwo „entsorgt", also weggeworfen, ohne dass der Tod dieser Lebewesen irgendeinen Nutzen gehabt hätte. Zahllose Weich- und Krustentiere, aber auch kleinere Fische oder Arten, die nicht als Speisefisch gelten, gehen den Meeresbiotopen so bei jedem Fang verloren.

197

Intelligente Netze, die ganz gezielt bestimmte Speisefische einfangen, könnten dabei helfen, dass die anderen Meeresbewohner an ihrem angestammten Platz bleiben und nicht sinnlos sterben.

Auch weitere Schutzgebiete wären enorm wichtig, damit sich die Fischbestände erholen können. Umweltverbände setzen sich für ein weltumspannendes Geflecht aus Meeresschutzgebieten ein. Bisher stehen lediglich 0,6 Prozent der Weltmeere unter Schutz. Das ist natürlich bei Weitem nicht ausreichend, um den Artenreichtum der Weltmeere zu erhalten. Es ist unerlässlich, dass die für Lebewesen zentralen Räume tatsächlich geschützt werden. Dazu gehören vor allem Korallenriffe, Seegraswiesen, Flussmündungen und küstennahe Gebiete.

Leider sind gerade das oft genau die Gebiete, die am meisten gefährdet sind. An den Küsten möchte man bauen, um Touristen anzulocken, an Flussläufen sammeln sich Gifte, die aus der Landwirtschaft stammen und von den Strömen zum Teil von weit her ins Meer transportiert werden. Auch der Tiefseebergbau hat vor allem Gebiete in relativer Küstennähe im Visier.

Doch: Das Leben in den Meeren hat nur dann eine Chance, wenn mit allem Nachdruck solche Orte unter Schutz gestellt werden, die einer Vielzahl von Arten ein Zuhause bieten oder ihnen als Laichgrund dienen. Die Umweltverbände fordern außerdem, dass die einzelnen Schutzräume groß genug sein sollten und in ihrer direkten Umgebung keine gefährliche Industrie angesiedelt ist. Industrie- oder Ölförderanlagen sind problematische Nachbarn. Nach dem Sinken der amerikanischen Ölförderplattform *Deepwater Horizon* beispielsweise wurde ein benachbartes Naturschutzgebiet durch das ausgetretene Öl fast aus dem Gleichgewicht gebracht. Größere „Pufferzonen" zwischen den eigentlichen Schutzgebieten und den vom Menschen genutzten Küstenteilen halten viele Wissenschaftler für fast genauso wichtig wie die Schutzzonen selbst.

Fischfarmen – Fluch oder Segen?

Um den steigenden Fischbedarf der Menschen zu decken und die wild lebenden Fische zu schonen, schien der Betrieb von Fischfarmen eine gute Idee zu sein. So entstanden weltweit zahlreiche sogenannte Aquakulturanlagen. Die Zucht von Meeresbewohnern boomt. Weltweit werden jährlich um die 20 Millionen Tonnen Fische und andere Meeresbewohner in solchen Fischfarmen gezüchtet. Eigentlich müssten sich da die Meere doch ganz schnell wieder füllen, oder? Was von außen betrachtet wie die Lösung des Problems aussieht, könnte sich schon bald als dramatische Verschärfung entpuppen. Denn zwei Punkte werden bei den Diskussionen über Aquakultur meist vergessen.

Wissen

Aquakultur unter der Lupe: Woher kommt der Farmfisch ursprünglich? Und: Was frisst er?

Angeblich soll der gezüchtete Fisch ja ein Ersatz für den Wildfisch sein. Das allerdings ist schon eine Mogelpackung, denn zum Beispiel ein Roter Thunfisch wird als Jungtier wild gefangen und dann in einer Farm großgezogen. Das bedeutet, man holt nicht nur einen Fisch aus dem Meer wie bei der Fischerei, sondern entnimmt sogar einen Jungfisch, der sich niemals fortpflanzen konnte. Dadurch entsteht eine gravierende Lücke in der folgenden Generation.

Auch die Frage nach dem Fischfutter zeigt, dass Aquakultur nicht zwangsläufig zu mehr Meeresschutz führt. Die Fische der Fischfarmen fressen nämlich nichts anderes als Fischmehl, das wiederum aus Wildfischen hergestellt wird. Wissenschaftler haben ausgerechnet, dass 22 Kilo Wildfisch dazu nötig sind, um ein einziges Kilo Thunfisch aus der Aquakultur zu erzeugen. Diese Praxis trägt im Grunde nur dazu bei, dass nicht nur die Bestände der Fische gefährdet sind, die wir gern auf unserem Teller haben, sondern auch deren Futterfische. Es ist also drin-

gend nötig, gesetzlich zu verankern, dass Wildfänge in Aquakulturen weder als Mastfisch noch als Futter verwendet werden
dürfen. Immerhin gibt es bereits einige ökologisch produzieren-
de Aquakulturen, die auf Wildfänge verzichten und stattdessen
mit Zuchtfischen arbeiten. Sinnvoll ist auch die Aufzucht von
Meeresbewohnern, die kein Fischmehl als Futter brauchen.

Die zentralen Probleme, mit denen sich die Menschheit in
Gegenwart und Zukunft auseinandersetzen muss, sind die
Klimaerwärmung und ihre negativen Begleiterscheinungen,
die Verschmutzung des Meerwassers durch Giftstoffe und
Müll, die immer intensivere Schifffahrt, der Tiefseebergbau
und die Überfischung der Ozeane. Die Frage „Wann ist das
Meer leer?" kann man heute nur so beantworten: Bald, wenn
wir nichts dagegen tun!

Und was kann jeder Einzelne tun?

Manchmal können ganz kleine Entscheidungen große Wirkung zeigen. Beispielsweise empfiehlt der *World Wildlife
Fund For Nature*, kurz *WWF*, eine der größten internationalen Naturschutzorganisationen der Welt, einfach ein „Fisch-
O-Meter" zum Einkauf mitzunehmen. Kauft man Fische,

die die auf dem Fisch-O-Meter empfohlene Größe erreicht haben, kann man sicher sein, dass sich die Tiere zumindest fortpflanzen konnten. Damit hat die Art eine gute Chance, auch in der nachfolgenden Generation zu überleben.

Wissen

Fisch-O-Meter

Ein Fisch-O-Meter ist eine Art Lineal, auf dem die Längen eingezeichnet sind, die eine Fischart unbedingt erreicht haben sollte. Das Fisch-O-Meter für die beliebtesten Nord- und Ostseefische kann man aus dem Internet downloaden und ausdrucken:

http://www.fisch-o-meter.de/pdf/fisch_lineal.pdf

Außerdem sind beim Kauf von Fischprodukten auch die Umweltsiegel hilfreich. Sie bestätigen eine verantwortungsvolle Fischerei, die sowohl die Fischbestände als auch das Meer selbst schont. Die bekanntesten sind:

 **Marine Stewardship Council (MSC-Umweltsiegel)**

Der Marine Stewardship Council verwaltet das derzeit umfangreichste Zertifizierungsprogramm für nachhaltig arbeitende Fischereien. Das blaue MSC-Siegel genießt weltweit

Vertrauen und ist das bekannteste Umweltsiegel für Fisch und Meeresfrüchte aus nachhaltigem Wildfang. Fischereien, die ihren Fang mit dem blauen Logo kennzeichnen dürfen, müssen folgende Regeln beachten:

1. Ein Fischbestand darf nur so stark befischt werden, dass immer genug Fische übrig bleiben, die sich fortpflanzen und so für Nachwuchs sorgen können.

2. Die Fischerei darf sich nicht negativ auf die marine Umwelt auswirken (z. B. auf empfindliche Lebensräume im Meer, andere Fischarten, Vögel oder Meeressäuger).

3. Die Fischerei muss bestimmte Gesetze und Vereinbarungen zum Schutz der Meeresumwelt einhalten.

Bereits fast acht Prozent der weltweiten Fangmenge an Fisch und Meeresfrüchten aus Wildfang stammen aus MSC-zertifizierten Fischereien.

 **Friend of the Sea
(FOS-Umweltsiegel)**

Friend of the Sea (Freund des Meeres) versteht sich als Programm zur *Förderung und Zertifikation von umweltfreundlichen Fischereien und Aquakulturen*. Das Siegel weist Fischereien aus, die nur nicht überfischte Arten fangen. Ihre Fangmethoden dürfen den Meeresboden nicht beeinträchtigen und die Beifangrate muss unter acht Prozent der Gesamtfangmenge liegen.

Von Fischzuchten, die FOS-zertifiziert sind, dürfen keine negativen Auswirkungen auf die Umwelt ausgehen. Es dürfen keine genetisch veränderten Organismen oder Chemikalien eingesetzt werden. Das Entweichen der gezüchteten Fische muss ebenso unterbunden sein wie das Eindringen anderer Tiere in die Zuchtfarm. Die von der Zuchtfarm ausgehenden Abwässer und Abgase müssen beschränkt und kontrolliert werden.

FOS ist die einzige Zertifizierungsorganisation, die zusätzlichen einen Kohlendioxid-Rechner – *Seafood Carbon Footprint Calculator (SCFC)* – anbietet. Mit dessen Hilfe kann man errechnen, wie hoch der CO_2-Ausstoß für die Produktion von einem Kilogramm Fisch auf dem Weg vom Fang bis zum Supermarkt ist. Damit sollen die Klimaauswirkungen der Fischerei und des weltweiten Fischhandels beurteilt werden können.

 SAFE

SAFE ist ein Kontrollprogramm, das 1990 vor allem für den Schutz von Delfinen eingeführt wurde. Beim Thunfischfang für Dosenthunfisch waren immer wieder Delfine ins Netz gegangen. Von SAFE zertifizierte Fischereien müssen Maßnahmen zur Beifangreduzierung ergreifen, die mittlerweile nicht nur Delfine, sondern auch Meeresschildkröten, Haie und andere Fische retten sollen.

Wer sich genauer informieren will, dem bietet zum Beispiel der *World Wildlife Fund for Nature* mit seinem „Einkaufsführer Fisch" eine erste Orientierung. Eine sinnvolle Alternative zu Seefischen können auch Süßwasserfische sein. Karpfen oder Forellen in Bioqualität werden in naturbelassenen Teichen gezüchtet.

Liegt unsere Zukunft auf dem Meer?

Diese Frage stellte sich der Mensch zu allen Zeiten – und doch war jedes Mal etwas anderes gemeint. Die ägyptische Königin Hadschepsut stellte sich die Frage vielleicht und träumte von weiteren großen Expeditionen in das reiche Land Punt, die ihrem Volk Wohlstand einbringen sollten. Dasselbe wollten die Herrscher vieler späterer Seefahrernationen. Auch wenn es zu Hause zu eng wurde, wagte man die Reise übers Meer zu neuen Kontinenten.

In den 1950er-Jahren des 20. Jahrhunderts wurden die großen Träume vom Erfolg in fernen Ländern durch eine neue Vision ergänzt: Man wollte das Meer selbst besiedeln. Es herrschte ein wahrer Unterwasser-Boom. Einer der Auslöser war sicher die Tauchfahrt des Schweizers Jacques Piccard und des US-Amerikaners Don Walsh, die sich am 23. Januar 1960 in einer winzigen Kapsel fast 11.000 Meter in den Marianen-graben hinabsinken ließen, den tiefsten Punkt der Ozeane. Sie brachen damit nicht nur jeden Rekord, sondern bewiesen auch, dass es für Menschen möglich ist, in die bis dahin uner-gründlich scheinenden Tiefen der Meere vorzudringen.

Science-Fiction-Autoren, aber auch Wissenschaftler, Ar-chitekten und Vertreter der Wirtschaft gerieten ins Schwär-men. Sie entwarfen ganze Städte auf dem Meeresgrund. Die meisten Überlegungen blieben jedoch aus Kostengründen reine Fiktion. Doch in den folgenden Jahrzehnten experi-mentierten mehrere Länder zumindest mit Unterwasserstat-ionen, in denen man das Leben unter Wasser erforschte.

Auch in Deutschland gab es eines dieser Unterwasserlabore: die „Helgoland". Diese Tauchstation wurde an verschiedenen Stellen in der Nord- und Ostsee eingesetzt, ist heute jedoch außer Dienst und steht im Stralsunder Meeresmuseum.

In den 1970er-Jahren wandten sich die Forscher und Vordenker noch einmal mit großem Eifer den unbekannten Wasserwelten zu. Unter dem Druck der weltweiten Energiekrise lag schon damals der Gedanke nah, die Bodenschätze des Meeresbodens zu heben. Man entwarf ganze Metropolen am Meeresgrund, die ihren Energiebedarf vollständig durch unterseeische Kraftwerke decken konnten.

Die Bodenschätze sollten direkt in der Tiefsee abgebaut und verarbeitet werden. Darüber hinaus gestalteten Wissenschaftler mit wachsender Begeisterung U-Boote für den Transport der Waren. Von den ehrgeizigen Plänen wurde allerdings auch diesmal kaum ein Projekt umgesetzt: Sie waren nicht nur viel zu teuer im Bau, sondern auch unbezahlbar im Unterhalt. Insgesamt ergab sich keine Alternative zum Leben an Land. Spätestens am Ende der Ölkrise in der zweiten Hälfte der 1970er-Jahre waren auch die Pläne einer möglichen Besiedelung des Ozeanbodens wieder vergessen.

Oder zumindest fast. Ein paar Unterwasserstationen wurden tatsächlich gebaut und waren eine Zeit lang in Betrieb.

Eine der wichtigsten war das amerikanische „Hydrolab", in dem von 1970 bis 1985 Forscher, Militärs und Astronauten Erfahrungen mit der Unterwasserwelt sammelten. 1989 wurde „Hydrolab" von seinem moderneren Nachfolger „Aquarius" abgelöst.

Die „Aquarius" liegt bis heute in den smaragdgrünen Fluten vor der Küste Floridas, nahe der Stadt Key Largo, in 20 Metern Tiefe fest vertäut. Vor allem NASA-Astronauten kommen für das Training von Außenmissionen im All hierher. Maximal sechs Besatzungsmitglieder können auf der Station gleichzeitig unterkommen.

Wissen

Wie im All

Die Bedingungen unter Wasser haben viel gemeinsam mit jenen im Weltraum. Aufenthalte im All lassen sich nur an wenigen Orten auf der Erde so effektiv üben wie auf der „Aquarius".

Mittlerweile wird die Station zunehmend auch von Meeresbiologen genutzt. Der Vorteil für sie: In der „Aquarius" können sie zehn Tage und länger im Unterwasserlabor forschen, ohne an die Oberfläche zu müssen. So wurden Langzeitbeobachtungen möglich, die von Tauchern nicht geleistet werden können. Auch in Zukunft steht vor allem die Erkundung der Ozeane im Vordergrund, über eine Besiedelung des Meeresbodens denkt heute kaum noch ein Wissenschaftler nach. Allerdings sind stationäre Unterwasserlabors völlig aus der Mode gekommen. Die Zukunft gehört beweglichen Forschungseinrichtungen.

Wissen

Mobiles Hochhaus unter Wasser

2013 will Frankreich eine mobile Forschungsstation an den Start schicken. Der Pariser Architekt Jacques Rougerie hat ein ganz erstaunliches Meeresobservatorium entworfen, das auf den ersten Blick tatsächlich am ehesten Ähnlichkeit mit einem Raumschiff aufweist. Die **SeaOrbiter,** so der Name der schwimmenden Station, ist insgesamt 51 Meter hoch und umfasst neun Stockwerke. Nach den Plänen des Architekten werden nur die oberen zehn Meter - das entspricht vier Etagen - aus dem Wasser ragen. Die restlichen fünf Stockwerke befinden sich unter Wasser und gestatten den Wissenschaftlern eine großartige Aussicht auf ihre Forschungsobjekte.

Ein weiterer Vorteil der „SeaOrbiter" ist auch, dass sie

sich fast lautlos in den Weiten der Meere bewegt. Im Normalfall soll die Station von der Meeresströmung angetrieben werden, nur für kleine Kurskorrekturen oder Notfälle gibt es zwei Elektromotoren.

Auch Zukunftsplaner denken nach den Experimenten der Vergangenheit heute nicht mehr über Siedlungen auf dem Meeresboden nach. Dafür können sie sich langfristig aber durchaus Metropolen vorstellen, die auf der Oberfläche der Meere treiben. Der belgische Architekt Vincent Callebaut sorgte beispielsweise für Aufsehen, als er seine schwimmende Stadt Lilypad als riesige Rettungsinsel für Klimaflüchtlinge präsentierte. Der Entwurf sieht Wohnraum für 50.000 Menschen vor, aber momentan gibt es noch keine konkreten Umsetzungspläne.

Die meisten Landgewinnungsprojekte setzen allerdings noch nicht auf treibende Konstruktionen, sondern versuchen schlicht, dem Meer Land abzutrotzen. Ein Beispiel ist der japanische **Flughafen Kansai** in der Bucht von Osaka. 1987 begann man mit dem Bau des Megaprojektes, seit 1994 ist der Flughafen in Betrieb. Für das künstliche Neuland stabilisierte man zunächst den Meeresboden mit 5.000 Stahlrohren. Ein Unterwasserwall aus Stein und Beton bot zusätzlichen Schutz. Schließlich schüttete man 180 Millionen Tonnen Erde auf, um eine künstliche Insel zu schaffen. Berge wurden für dieses Projekt abgetragen und komplett im Meer versenkt. Es entstand eine Fläche von fünf Quadratkilometern, auf der heute der Flughafen für das Ballungsgebiet um Osaka, Kobe und Kyoto ruht.

Mittlerweile macht das Vorzeigeprojekt aber nichts als Probleme. Die Insellage bringt es mit sich, dass der Flughafen nur über eine vier Kilometer lange Auto- und Eisenbahnbrücke zu erreichen ist – ein Nadelöhr für die Massen von Fluggästen. Schlimmer ist jedoch, dass man den Meeresboden nicht richtig einschätzte. Alle Gebäude des Flughafens und das Terminal selbst stützen sich auf elektronisch überwachte Säulen, die wie Wagenheber funktionieren. Diese Konstruktion sollte den Flughafen nicht nur erdbeben- und sturmsicher machen. Sie sollte auch die erwartete Absenkung des aufgeschütteten Landes ausgleichen. Doch diese vollzieht sich wesentlich stärker als angenommen.

Damit der künstliche Untergrund nicht einfach im Meer verschwand, mussten enorm teure Sicherungsmaßnahmen durchgeführt werden. Im Fußboden der Abfertigungshalle waren Risse entstanden, die durch Podeste kaschiert wurden. Das Hauptgebäude, versuchte man, unter Wasser mit einer zusätzlichen Schutzmauer von 30 Metern Tiefe abzuschirmen. Pumpen arbeiten rund um die Uhr, um das Grundwasser abzusenken und den Druck auf die Keller zu mildern. Die ungeplanten Zusatzkosten sind extrem und machen den geplanten Landgewinn zu einem Schlag ins Wasser.

Auf Wasser gebaut: der Flughafen Kansai bei Osaka

In absehbarer Zukunft wird der Mensch vermutlich weder auf dem Meeresgrund noch auf der Wasseroberfläche siedeln, ganz einfach, weil die Kosten viel zu hoch sind, den „Lebensraum Ozean" für uns Landbewohner zu erschließen. Trotzdem war und ist das Schicksal der Menschheit auf vielfältige Weise mit dem der Ozeane verknüpft.

Die Entwicklung des Lebens nahm ihren Anfang in der Tiefsee. Die ersten Landbewohner, die auch in unsere Ahnenreihe gehören, stammten ursprünglich aus dem Meer. Dem Menschen ermöglichten die Ozeane schließlich, sich über den gesamten Globus auszubreiten. Selbst heute wäre es trotz aller Technologie für uns Menschen unmöglich, auf unserem Heimatplaneten zu überleben, würden nicht die Weltmeere für ein lebenswertes Klima sorgen und enorme Mengen Nahrung zur Verfügung stellen. Darüber hinaus nutzen wir die Rohstoffe aus dem Meeresboden und transportieren unsere Waren auf den internationalen Schifffahrtswegen von einer Seite der Welt auf die andere.

Wenn wir die Ozeane vergiften, leer fischen oder auf andere Weise zerstören, schaden wir vor allem uns selbst.

Glossar

Aggregatzustände: So heißen die verschiedenen, temperatur- und druckabhängigen physikalischen Zustände von Stoffen, also „fest", „flüssig" und „gasförmig".

Ammoniak: stechend riechendes, farbloses und giftiges Gas

Atmosphäre: Lufthülle der Erde; enthält heute 78 Prozent Stickstoff, 21 Prozent Sauerstoff, 1 Prozent Argon, 0,03 Prozent Kohlendioxid und andere Edelgase

Bakterium (Mehrzahl: Bakterien): Einzellige Kleinstlebewesen, die sowohl im Wasser als auch auf dem Land milliardenfach vorkommen, sie besitzen keinen echten Zellkern.

Biomasse: Masse der lebenden und gerade erst gestorbenen Lebewesen. Pflanzen, Tiere und Bakterien sind Biomasse, ebenso Holz oder Laub; Kohle zählt aber nicht zur Biomasse.

Cyanobakterium (von griechisch: blau; werden auch Blaualge genannt): fotosynthesefähige Bakterien; gehören zu den ältesten Lebewesen überhaupt

Desoxyribonucleinsäure/DNS (engl. DNA, acid statt Säure): genetisches Material, oft „Bauplan des Lebens" genannt; liegt in jeder Zelle vor, sowohl im Zellkern als auch in anderen Zellteilen, die man Mitochondrien nennt

Fotosynthese: Prozess, bei dem Bakterien und Pflanzen mithilfe von Sonnenlicht aus Kohlendioxid und Wasser Zucker (Nahrung) gewinnen

Kelp: Tangart, die Längen bis zu 60 Meter erreichen kann, im Boden verankert

Kontinentalverschiebung: die langsame Bewegung der Erdplatten: führt über lange Zeiträume zur Aufspaltung und Verschmelzung von Kontinenten; kann Gebirge auffalten und Erdbeben verursachen, wo Platten zusammenstoßen

Korallen: Nesseltiere, die meist in Kolonien zusammenleben, ihre Reste können sich im Laufe der Zeit zu Riffen auftürmen.

Krill: winzige Krebse, die in Massen auftreten und sogar einigen Walarten zur Nahrung dienen

Larve: Entwicklungsstadium eines Lebewesens zwischen Ei und Erwachsenem, kommt zum Beispiel bei Insekten vor

Methan: ist ein farb- und geruchloses, brennbares Gas. Als Hauptbestandteil von Erdgas ist es vor allem als Heizgas ein wichtiger Rohstoff für die Industrie.

Ozeanische Kruste: bildet die Ozeanböden, ist dünner, aber dichter als die Kontinentalkruste

Parasitismus: Ein Lebewesen (Parasit) ernährt sich von einem anderen Lebewesen (Wirt), wobei der Parasit den Wirt zwar schädigt, aber in der Regel nicht tötet.

Passatwinde: sehr beständige Windsysteme, die auf beiden Erdhalbkugeln nahe des Äquators wehen; Hauptwindrichtung auf der Nordhalbkugel: Nordostpassat; auf der Südhalbkugel: Südostpassat

Petrischale: runde, flache, durchsichtige Schale mit Deckel, die in Laborversuchen für Chemie oder Biologie verwendet wird

Plankton: heißt übersetzt „das im Meer Treibende", umfasst alle Kleinstlebewesen, die in den Ozeanen mit den Strömungen driften, sowohl pflanzliche als auch tierische

Sediment (lat. für „Bodensatz"): Ablagerung von Material an Land und im Meer

Symbiose: Zusammenleben von verschiedenen Arten, alle haben einen Vorteil durch die Gemeinschaft.

Tethys: erdumspannendes Meer, teilte vermutlich den Urkontinent Pangäa in einen Nord- und einen Südteil

Tsunami (japanisch für „große Welle im Hafen"): riesige Flutwelle, die zum Beispiel durch ein Seebeben entstehen kann

Bildnachweis

13 NASA/NOAA/GSFC/Suomi NPP/VIIRS; 15 Don Davis (work commissioned by NASA); 18 Senckenberg Naturmuseum; 30 Imago/blickwinkel; 32 Bildarchiv Foto Marburg; 53, 149 picture alliance/WILDLIFE; 65 NASA; 67 NASA/JPL-Caltech; 74, 178, 211 picture alliance/dpa; 87 picture alliance/Lonely Planet Images; 94 akg-images/Erich Lessing; 96 Imago/Bruno Press; 135 picture-alliance/dpa/dpa-web; 159 Edouard Naville: The Temple of Deir el Bahari Part III, London 1898; Part IV, London 1901; 202 © Marine Stewardship Council (MSC); 203 © Friend of the Sea (FOS); 204 © Earth Island Institute/EII; 209 © Jacques Rougerie/SeaOrbiter ®

Literatur

Ballesta, Laurent, und Descamp, Pierre: Planet Meer. Hamburg 2006

Byatt, Andrew; Fothergill, Alastair, und Holmes, Martha: Unser blauer Planet. Köln 2002

Crist, Darlene Trew; Scowcroft, Gail, und Harding, James M.: Schatzkammer Ozeane – Volkszählung in den Weltmeeren. Heidelberg 2010

GEO Kompakt Nr. 10: Lebensraum Meer. Hamburg 2007

Omphalius, Ruth, und Azakli, Monika: Klimawandel. Würzburg 2008

Ozeane. Die große Bild-Enzyklopädie. London, New York, Melbourne, München und Delhi 2010

Perrin, J., Cluzaud, J., Durand, S.: Unsere Ozeane. München 2009

Schätzing, Frank: Nachrichten aus einem unbekannten Universum. Illustrierte Ausgabe. Köln 2010

world ocean review 1. Hamburg 2010

Aktuelle Forschung
– Alfred-Wegener-Institut (Polarforschung)
  http://www.awi.de
– IFM Geomar (Geologie der Meere)
  www.ifm-geomar.de
– Senckenberg Naturmuseum Frankfurt
  www.tiefsee.senckenberg.de

Das Meer im Internet

Deepwave
www.deepwave.org
Greenpeace
www.greenpeace.de oder www.greenpeace.org
Umweltbundesamt
http://www.umweltbundesamt.de
(unter dem Stichwort „Klimaschutz" findet man hier auch einen
CO_2-Rechner)
World Wildlife Fund
www.wwf.de oder www.wwf.org

ZDF
http://www.zdf.de/ZDFmediathek (Stichwort „Ozeane")
und http://www.ozeane.zdf.de
(Mit Drei-D-Spiel: Hier kann man die Ozeane aus der Sicht der Tiere
erleben.)

Fisch-O-Meter:

http://www.fisch-o-meter.de/pdf/fisch_lineal.pdf
Das „Fisch-O-Meter" kann bei der Verbraucherzentrale Hamburg gegen eine Versandgebühr bestellt werden: ernaehrung@vzhh.de

Fischeinkaufsführer des WWF:

http://www.wwf.de/fileadmin/fm-wwf/pdf_neu/101008_
Fischratgeber_2010_WEB.pdf
oder bestellen bei WWF Deutschland Infoservice:
Frau Karoline Reisinger
Reinhardtstraße 14
D-10117 Berlin
Tel. (030) 30 87 42 57

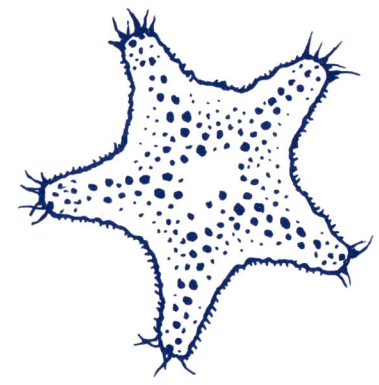

Dank

Ich möchte mich ganz herzlich bei all den Menschen bedanken, die dieses Buch möglich gemacht und mit unterstützt haben.

Mein besonderer Dank gilt vor allem den Kollegen, Mitarbeitern und den Produktionspartnern, die mit mir gemeinsam an der ZDF-Reihe „Terra X: Universum der Ozeane – mit Frank Schätzing" gearbeitet und mit ihrer Arbeit dieses Buch inspiriert haben. Vor allem gilt dies für Frank Schätzing, der selbst die Ozeane kennt wie kein anderer, und die beiden Drehbuchautoren Stefan Schneider und Claudia Ruby. Es war toll, mit Euch zu arbeiten. Ich freue mich schon auf das nächste Projekt.

Ruth Omphalius

Gerd Schneider/Hans-Christoph Liess

Von einem, der auszog, die Welt zu verstehen
Aufzeichnungen über die Entstehung der Welt

Nichts ist so spannend wie die Entstehung der Welt und des Lebens! Dieses Buch ist eine Zeitreise zu den Anfängen unseres Universums. Meisterhaft verknüpft Wissenschaftsjournalist Gerd Schneider profundes Wissen aus Geologie, Physik, Chemie und Biologie mit originellen Erzählsträngen und liefert einen mitreißenden Querschnitt durch die moderne Naturwissenschaft.

Regiert das Geld die Welt?
Wie die Wirtschaft funktioniert und warum die Krise immer wieder kommt

Was verkauft sich besser? Brötchen oder Stecknadeln? Brötchen brauchen wir alle, aber wer braucht schon Stecknadeln? Mithilfe simpler Alltagsbeispiele wie diesem hier und frechen Graphic-Novel-Passagen erzählt Hans-Christoph Liess Geschichte und Geschichten rund um das ökonomische Denken.

Arena

272 Seiten • Gebunden
ISBN 978-3-401-06413-0
www.arena-verlag.de

152 Seiten • Klappenbroschur
ISBN 978-3-401-06731-5
www.wirtschaft-fragen.de

John Howe

Vom
preisgekrönten
Tolkien-Illustrator
von »Der Herr der
Ringe«

Lost Worlds

Legendäre Kulturen ans Licht geholt: Atlantis, Troja, Knossos, Camelot – Welten,
die der menschlichen Vorstellungskraft entsprungen sind, aber auch Königreiche
und untergegangene Städte, die es tatsächlich einmal gab. John Howe, der preis-
gekrönte Tolkien-Illustrator von »Der Herr der Ringe« versteht es, Geschichten zu
erzählen, untermauert durch archäologische Funde und historische Realität. Er
öffnet ein Tor in die Vergangenheit und in die Geheimnisse unserer Zivilisation

Arena   96 Seiten • Gebunden
Durchgehend farbig illustriert, mit
Sichtfenster auf dem Einband
ISBN 978-3-401-06309-6
www.arena-verlag.de

ARENA BIBLIOTHEK DES WISSENS

RUTH OMPHALIUS, MONIKA AZAKLI

Klimawandel

Das Eis der Pole schmilzt, Tierarten sterben aus, Städte werden über-
schwemmt, die Temperaturen steigen – der Klimawandel betrifft jeden
von uns. Wie kommt es zu den Klimaveränderungen? Wie gefährlich
sind sie tatsächlich? Sind sie noch aufzuhalten?

978-3-401-06222-8   978-3-401-06805-3   978-3-401-06431-4   978-3-401-06527-4   978-3-401-06525-0

Jeder Band:
Klappenbroschur
www.arena-verlag.de